어린이 작가 되기 프로젝트

글쓰기 실력을 키워주는
즐거운 책 만들기

어린이 작가 되기 프로젝트

글쓰기 실력을 키워주는
즐거운 책 만들기

초판 1쇄 발행 2018년 10월 30일
3쇄 발행 2021년 5월 10일

지은이 강승임
펴낸이 임정은
기 획 별별공작소
디자인 Wonderland

펴낸곳 (주)SJ소울
등 록 2008년 10월 29일 제2016-000071호
주 소 서울 송파구 충민로66 가든파이브 테크노관 T9031호
전 화 0505)489-3167 · 02)6287-0473
팩 스 0505)489-3168
이메일 starina0317@gmail.com

ISBN 978-89-94199-58-0 73700
값 13,000원

※ 소울키즈는 (주)SJ소울의 교육 전문 브랜드입니다.
※ 저작권자와 출판사의 동의 없이 내용의 일부를 인용하거나 전재하는 것을 금합니다.

| 어린이 작가 되기 프로젝트 |

글쓰기 실력을 키워주는
즐거운 책 만들기

강승임 지음

머리말

창의적이고 상상력이 풍부한
세상에 하나뿐인 나만의 책 만들기

처음부터 글쓰기를 좋아하는 아이들은 별로 없어요. 나도 어렸을 땐 그리 좋아하지 않았어요. 글쓰기 숙제가 주어지면 한번 잘 써 보겠다고 다짐해도 막상 쓰려고 하면 생각이 잘 떠오르지 않았거든요. 여러분들도 비슷한 상황일 거예요. 무엇을 어떻게 써야 할지 막막할 때가 많지 않나요?

그래서 이 책을 쓰게 되었답니다. 어른이 되어 생각해 보니 내가 글쓰기를 좋아하지 않고 또 잘 못 썼던 이유는 옆에서 아무도 도와주지 않았기 때문이었어요. 다른 공부나 활동들은 부모님과 선생님들이 잘 도와주었는데 글쓰기는 어른들도 별로 소질이 없고 잘하지 못했기 때문에 도와줄 수 없었던 거죠.

사실 글쓰기는 누구에게나 꽤 어려운 활동이에요. 그러니 어린이라면 더더욱 그렇겠지요. 그냥 생각나는 걸 쓴다고 글이 되는 건 아니거든요. 그리고 글을 쓸 때 생각 자체가 잘 떠오르지 않는 경우도 많잖아요. 그래서 누가 옆에서 함께 얘기를 나누며 무엇을 쓸지, 어떻게 쓸지를 하나씩 천천히 정할 수 있도록 도와주어야 해요. 이 책이 그 역할을 해 줄 거예요!

지금 당장 글 쓰는 재주가 별로 없어도 괜찮아요. 생각이 떠오르지 않고, 방법을 잘 몰라도 이 책에서 하나씩 가르쳐 줄 거예요. 하나도 어렵지 않게 누구나 술술 따라할 수 있도록 쉽고 재미있게 말이에요.

이 책엔 아주 창의적이고 상상력 풍부한 글을 쓰는 비법이 담겨 있어요. 멋진 동화 작가처럼 여러분의 재미난 상상들을 이야기로 지어 나만의 책으로 만들어 보는 거예요!

　대신 마음 급하게 서두르면 안 돼요. 1부에서 어떻게 재미나고 멋진 나만의 책을 쓰는지 10가지 비법을 익힌 다음, 2부에서 재미난 이야기들을 읽으며 상상의 날개를 활짝 펼쳐 봐요. 그 다음 3부에서 진짜 책을 만들어 보세요~!

강승임

❊ 차례 ❊

PART 1
책 쓰는 비법을 알고 싶어요!
책 쓰기 비밀 대공개

01 나란 아이도 책을 쓸 수 있나요? 작가의 비밀 — 10
02 글을 못 써도 책을 쓸 수 있나요? 좋은 글의 비밀 — 14
03 힝, 상상력이 없는 것 같아요! 상상력의 비밀 — 18
04 멋진 이야기가 떠올랐는데 금방 까먹어요! 메모의 비밀 — 22
05 아주아주 오싹한 이야기를 쓰고 싶어요! 이야기의 비밀 — 26
06 진짜 있었던 일처럼 쓰고 싶어요! 배경의 비밀 — 30
07 착하기만 한 주인공은 별로예요! 주인공의 비밀 — 34
08 주인공 혼자만 나오는 건 아니잖아요! 등장인물의 비밀 — 38
09 이야기가 너무 밋밋해요! 갈등의 비밀 — 42
10 이야기를 쓰다 보면 뒤죽박죽이 돼요! 이야기 구성의 비밀 — 46

PART 2
참신하고 재밌는 이야기를 짓고 싶어요!
나만의 비밀 창작 노트

01 웩, 똥을 밟았어! 내가 겪은 일로 쓰기 — 52
02 엄마랑 나랑 바뀌었어요! 가족과의 이야기로 쓰기 — 56
03 나 이제 너랑 절교야! 친구와의 이야기로 쓰기 — 60
04 학교에 가다가 코끼리를 만났어~ 주변의 장소로 쓰기 — 64
05 할머니의 낡은 거울 소중한 물건에 얽힌 이야기 쓰기 — 68
06 몽당연필 탈출 사건 학용품에게 일어난 일 쓰기 — 72

07	지우개가 지우개가 된 사연 물건의 유래 쓰기	76
08	장난감들의 자랑 대회 장난감들의 이야기 쓰기	80
09	뽀뽀의 모험 애완동물의 하루 쓰기	84
10	돌고 도는 돈~ 물건의 여행 쓰기	88
11	그 사람이 수상하다! 낯선 사람을 주인공으로 쓰기	92
12	으악, 절벽에서 떨어졌어요! 꿈 꾼 일로 쓰기	96
13	공동묘지의 비밀 괴물과 귀신 이야기 쓰기	100
14	염라대왕 만나러 저승으로! 모험 이야기 쓰기	104
15	구름나라 마법세계 환상적인 이야기 쓰기	108
16	로봇이 왕이 되었어! 미래 상상해서 쓰기	112

PART 3 세상에서 하나뿐인 나만의 책 만들기

01	책은 어떻게 구성되어 있나요?	118
02	어떤 이야기를 쓸 건가요?	120
03	나만의 책을 만들어 보아요	122

01
나란 아이도 책을 쓸 수 있나요?
작가의 비밀

나는 책을 아주 많이 읽는 편이에요.

하루에 열 권을 읽은 적도 있어요.

어느 날, 책을 읽다가 나도 이런 책을 쓰면 어떨까 하는 생각이 들었어요.

'책을 많이 읽었으니까 분명 나도 쓸 수 있어.'

하지만 곧 자신감이 사라졌어요.

나는 책을 써 본 적이 없거든요. 그래도 책을 쓸 수 있나요?

내 친구는 나랑 반대로 책을 별로 안 읽는데 책을 쓰고 싶대요.

책을 많이 팔아서 유명해지고 돈도 많이 벌고 싶대요.

내 친구는 어때요?

책 쓰기 비밀 공개 1-작가의 비밀

비밀은 '내 마음'

사람들은 보통 책을 쓰는 사람이 좀 특별하다고 생각해요. 글 쓰는 재주가 남다르거나, 상상력이 아주 풍부하거나, 생각이 독특하거나, 아이디어가 기발하거나 등등 말이에요. 그래서 스스로 재주가 평범하다고 생각하는 사람은 일기 정도는 써도 책을 쓰는 건 어렵다고 손사래를 쳐요. 쓰고 싶은 마음이 있어도 말이에요.

사실 이런 생각이 완전히 틀린 건 아니에요. 무슨 일을 하든 그 일을 잘할 수 있는 재주가 필요하니까요. 책 쓰기는 그게 당연히 글을 잘 쓰는 것과 생각이 팡팡 떠오르는 거겠지요.

하지만 꼭 이래야 하는 건 아니에요. 옛날에는 정말 천재적인 사람들이 책을 쓰곤 했는데 요즘에는 책으로 쓰고 싶은 내용이 있다면 누구나 책을 쓰지요. 가장 중요한 건 책을 많이 읽든 별로 읽지 않든 내 마음이에요!

책을 쓰고 싶은 마음!
사람들에게 이야기를 들려주고 싶은 마음!

위 두 가지 마음이 내 안에 강렬하게 있다면 누구나 책을 쓸 수 있어요.

그런데 생각해 볼 게 있어요. 책을 쓰는 '나'와 내가 쓴 책을 읽을 사람들, 곧 '독자'에 대해 생각해 보는 거예요.

먼저, 책을 쓰는 나는 누구인가요?

나에 대해서 나이나 성별, 학교처럼 겉으로 드러나는 큰 특징뿐만 아니라 좋아하는 것과 싫어하는 것, 관심 없는 것과 억지로 하는 것, 시간이 날 때 하는 것, 친구들과의 사이, 가족들과의 사이, 기억에 남는 여행, 기억에 남는 생일파티 등

나는 여자. 나이는 10살.
누리초등학교 3학년.
키는 130cm 정도. 몸무게는 음…
마른 편이라고 해 두기.
좋아하는 건 액괴 만들기. 싫어하는 건 먹는 거랑 쇼핑.
별명은 유댕이. 시간 날 때 하는 거는 액괴 영상 보기.
좀 억지로 하는 건 책읽기. 친한 친구는 가은이.

나 자신을 보여 줄 수 있는 개인적인 특징이나 나의 경험 등을 세세하게 적어 보는 거예요. 글이라는 건 어찌되었든 나를 표현하는 거거든요. 그러려면 나에 대해 자세히 알고 이해하고 있어야 해요.

　그 다음, 내 책을 읽을 독자는 누구인가요? 이번엔 누가 내 책을 읽었으면 좋겠는지 생각해 봐요.

　나랑 비슷한 관심을 갖고 비슷한 생각을 하는 사람들이 내 책을 읽기를 바라는지, 아니면 나랑 다른 관심, 다른 생각을 하는 사람들이 읽기를 바라는지 정해 보세요. 남자 어린이, 여자 어린이, 한국 어린이, 외국 어린이, 공룡을 좋아하는 어린이, 무서운 이야기를 좋아하는 어린이 등 구체적으로 정해 보는 거예요. 그러면 책에 어떤 내용과 주제를 담을지 좀 더 쉽고 자세하게 생각해 낼 수 있어요.

책을 쓰는 나는 누구? 어떤 사람?

내 책을 읽을 '독자'는 누구? 어떤 사람?

02
글을 못 써도 책을 쓸 수 있나요?
좋은 글의 비밀

달리기를 잘하는 사람이 달리기 선수가 되고,
축구를 잘하는 사람이 축구 선수가 되고,
그림을 잘 그리는 사람이 화가가 되잖아요.
그처럼 글을 잘 쓰는 사람이 작가가 되는 거 아닌가요?
단지 글을 쓰고 싶다고만 해서 작가가 될 수 있는 건 아니잖아요.
글 쓰는 실력, 글을 잘 쓰는 능력이 있어야 하지 않나요?
나는 책을 써서 사람들에게 들려주고 싶은 이야기가 있어요.
하지만 글을 못 써요. 이래도 책을 쓸 수 있나요?

책 쓰기 비밀 공개 2-좋은 글의 비밀

비밀은 '쓰다 보면 나중에 잘 쓴다는 사실!'

아주 중요한 질문을 했어요.

'달리기를 잘하고 그림을 잘 그리는 사람이 각각 달리기 선수가 되고 화가가 되는 것처럼 글을 잘 쓰는 사람이 작가가 되는 거 아닌가?'

막상 책을 쓰려면 이런 생각이 들 거예요. 글을 잘 못 쓰면 들려주고 싶은 이야기가 있어도 무엇을 어떻게 써야 할지 막막하니까요.

그런데 이 질문에 답을 하기 전에 앞뒤를 따져 봐야 해요. 글을 잘 쓰는 사람이 작가가 되는 것인지, 아니면 작가가 글을 잘 쓰는 건지 말이에요.

작가들은 아주 어렸을 때부터 글을 잘 썼을까요? 글자를 배우고 처음 글을 썼을 때부터 글을 잘 썼을까요?

이런 사람은 생각보다 아주 드물어요. 글이란 건 처음부터 잘 쓸 수 있는 게 아니니까요. 쓰다 보면 어느 순간 잘 쓰게 되고, 잘 쓰다가도 어느 날은 잘 못 쓰기도 하지요. 그래서 지금 잘 쓰든 못 쓰든 당장 해야 하는 건 일단 쓰는 거예요!

글을 잘 쓰는 사람도 쓰기!
글을 잘 못 쓰는 사람도 쓰기!

달리기도 그림도 글도 직접 그걸 해야 잘할 수 있어!

달리기도 그렇잖아요. 달리기를 잘하고 싶다는 마음만으로 달리기를 잘하게 되는 게 아니에요. 가만히 서 있다고 달리기를 잘할 수도 없어요. 달리기는 직접 달리기를 하면서 달리는 법을 배우고 마침내 잘 달릴 수 있지요.

글쓰기도 마찬가지예요. 일단 뭐든 써야 그 과정에서 글 쓰는 법을 배울 수 있어요. 그건 생각을 떠올리는 법, 생각을 정리하는 법, 생각을 표현하는 법이지요. 평소에 이걸 어떻게 실천할 수 있는지 간단히 두 가지만 말해 줄게요.

하나는 생각을 글로 표현하기 전에 말로 해 보는 거예요. 대신 그냥 아무렇게나 말하지 말고 나보다 어린 동생들에게 말해 주는 것처럼 쉽고 편하게 말해요. 그러면 억지로 생각을 정리하려고 하지 않아도 대체로 자연스럽게 생각이 정리돼요.

또 하나는 글로 표현한 걸 소리 내어 읽어 보는 거예요. 어떤 글이든 내가 쓴 글은 모두 소리 내서 읽어 보세요. 짧은 글이든, 긴 글이든, 뻔한 글이든, 참신한 글이든 뭐든 말이에요. 국어 시간에 교과서에 쓴 글, 과제로 쓴 일기, 독서록, 친구에게 보내는 편지 등등 내가 쓴 글을 자꾸 소리 내어 읽어 보면 이 자체가 글쓰기 공부가 된답니다.

다 쓰고 난 다음에 전체 글을 소리 내어 읽어도 되고, 쓰는 중에 생각이 잘 떠오르지 않을 때는 앞에 쓴 내용을 소리 내어 읽어도 돼요. 어느 쪽이든 글을 잘 쓸 수 있게 해 줘요.

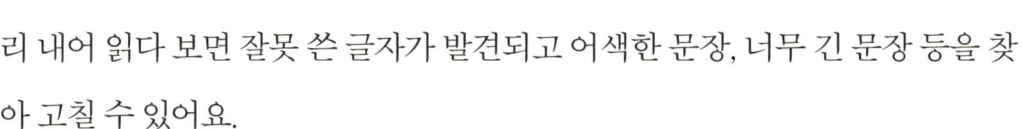

어째서 그러냐고요? 글을 쓸 때는 글쓰기에 집중하느라고 맞춤법이 틀리고 문장이 어색해도 잘 모르고 그냥 지나칠 수 있어요. 그런데 다 쓴 글을 소리 내어 읽다 보면 잘못 쓴 글자가 발견되고 어색한 문장, 너무 긴 문장 등을 찾아 고칠 수 있어요.

그러니까 처음부터 잘 쓰는 게 아니라 쓰다 보면 잘 쓰게 된다는 사실을 잊지 말아요.

어제 있었던 일 중에 하나를 떠올려 동생이나 친구에게 말하듯이 써 보자.

위에 쓴 글을 소리 내어 읽어 보자.

03
힝, 상상력이 없는 것 같아요!
상상력의 비밀

나는 1학년 때부터 글을 잘 쓴다는 칭찬을 많이 들었어요.
맞춤법도 별로 틀리지 않고 글도 길게 쓴다고 말이에요.
그런데 한 가지 문제가 있어요.
글은 잘 쓰는데 내용이 너무 심심하다는 거예요.
엄마는 내가 상상력이 너무 없어서 그렇대요.
그래서인지 일기처럼 사실을 쓸 때는 술술 쓰지만,
이야기나 동시를 지을 때는 좀 힘들어요.
생각이 막힌 것처럼요. 어떻게 하면 상상을 잘할 수 있나요?

책 쓰기 비밀 공개 3-상상력의 비밀

비밀은 '만약에……'

상상력이 뭐길래 어떤 사람은 상상력이 풍부하다고 하고 어떤 사람은 상상력이 부족하다고 하는 걸까요? 재미있는 이야기책을 쓰려면 상상력이 풍부해야 해요. 상상력이란 도대체 무엇일까요?

상상력은 눈앞에 없는 것을 마음속으로 떠올리는 힘이에요. 눈앞에 보이지는 않지만 실제로 있는 걸 떠올리는 것도 상상력이고, 현실에 없는 것을 떠올리는 것도 상상력이에요.

예를 들어 컵 속의 물을 보고 호수나 물의 요정을 떠올리는 거지요. 호수는 실제로 있는 거지만 지금 눈앞에서 보이는 게 아니고 요정은 실제로도 없고 눈앞에도 없잖아요.

그 다음 이렇게 처음 떠오른 상상을 꼬리 잡아 '만약에' 놀이를 해 보는 거예요. 만약에 호수에 내가 빠진다면? 만약에 물의 요정이 호수에 빠진 나를 물의 나라로 데려간다면? 이렇게 계속 연결하다 보면 재미난 상상들을 많이 할 수 있어요. 그러니까 이 두 가지를 기억하는 거예요.

자유롭게 떠올리기!
'만약에 ~라면' 놀이하기!

고구려라고 하니 고구마가 떠오르는군!

이렇게 상상력을 기르려면 일단 마음속으로 이것저것 많이 떠올려 봐야 해요. 어렸을 때 기억, 연상되는 물건, 어떤 물건의 냄새, 색깔, 소리, 촉감 등등 떠오르는 건 뭐든 자유롭게 다 떠올리는 게 중요해요.

'이런 생각은 너무 유치해.'

'이건 너무 엉뚱한 생각이잖아.'

이렇게 상상을 가로막는 생각은 안 돼요! 그러면 상상력이 풍부해질 수 없어요. 상상은 자유에서 나오니까요.

그럼 평소 상상력을 기를 수 있는 놀이와 훈련을 몇 가지 소개할게요.

먼저 '끝말잇기'가 있어요. 끝말잇기를 해서 단어를 10개 정도 떠올린 다음 이걸 이어서 문장을 만들어 보거나 이야기를 지어 보는 거예요.

두 번째로 'ㅇㅇ에 갔어' 놀이가 있어요. 이건 어디에 가서 누구를 만나 무엇을 했는지 계속 연결해서 상상하는 거예요. 예를 들어 '순이가 바다에 갔어, 고래를 만났어, 고래와 수영을 했어, 한참 가다 보니 동굴이 나왔어, 불가사리를 만났어, 불가사리가 밖으로 데리고 가 달라고 했어, 밖으로 나오니 배가 있었어, 배에 해적이 타고 있었어……' 이렇게 계속 연결해서 상상하는 거예요.

세 번째로 마인드맵이 있어요. 빈 종이에 낱말 하나를 가운데 쓰고 연상되는 말들을 계속 가지를 치며 연결해서 떠올리는 거예요. 예를 들어 '사과'를 주제어로 한다면, 먼저 세 가지 정도 떠올려 봐요. '백설공주', '사과잼', '사과주스' 이렇게 말이에요. 그 다음 또 각각의 단어와 관련되어 또 세 가지씩 떠올려 봐요. 예를 들어 백설공주와 관련하여 '난쟁이', '왕자', '새엄마' 등을 떠올려 보는 거지요. 빈 종이가 가득 채워질 때까지 많은 가지를 쳐 봐요.

네 번째로 입장 바꿔 생각하기가 있어요. 어떤 일에 대해서 친구나 가족, 주변 사람들과 입장을 바꿔 생각해 보는 거예요. '내가 그 사람이라면', '그 사람이 나라면' 어떤 일이 벌어질지 상상해 봐요.

다섯 번째로 뒷이야기 짓기가 있어요. 이건 이야기책을 읽거나 영화를 보고 나서 해 봐요. 끝부분을 아예 다른 내용으로 바꿔 보거나 그 뒤에 어떤 일이 벌어질지 상상해 보는 거예요.

이렇게 평소에 상상력 놀이도 하고 상상력 훈련도 하면 상상력을 무궁무진하게 키울 수 있을 거예요.

'이야기'로 끝말잇기를 해 보자.

이야기-

위 끝말잇기 낱말들을 가지고 간단한 이야기를 지어 보자.

04
멋진 이야기가 떠올랐는데 금방 까먹어요!
메모의 비밀

나는 생각이 아주아주 잘 나요.
밥을 먹을 때도 재미난 생각이 나고
걸을 때도 웃긴 생각이 나고
친구랑 얘기할 때도 혼자 엉뚱한 생각을 해요.
그런데 문제는 금방 까먹고 말아요.
밥을 다 먹고, 학교에 도착하고, 친구랑 다른 얘기를 할 때
방금 전에 생각한 게 기억이 안 나는 거예요.
이럴 땐 어떻게 하죠?

책 쓰기 비밀 공개 4-메모의 비밀

비밀은 '언제 어디서나 메모'

기발한 생각, 재밌는 생각, 웃긴 생각, 신나는 생각, 멋진 생각…….

상상력이 풍부한 어린이들은 하루에도 몇 가지씩 이런 생각들이 떠올라요. 길을 걸을 때, 친구랑 이야기를 나눌 때, 밥을 먹을 때, 책을 읽을 때, 공부를 할 때 등등 저도 모르게 문득 무언가가 떠오르지요.

그런데 이런 생각들은 기억에 오래 남지 않아요. 다른 일을 하거나 다음 날이 되면 금방 까먹어 버리죠. 이상하죠? 그 이유는 우리 뇌가 생각보다 기억력이 좋지 않기 때문이에요. 몇 번을 되풀이한 일은 뇌에 오래 저장되지만 순간순간 떠오른 생각들은 잘 저장이 안 되거든요.

이건 작가들도 마찬가지예요. 그래서 작가들은 자기 생각이나 상상한 것을 잊어버리지 않기 위해 메모를 해요.

언제 어디서나 메모!
아무리 사소한 생각도 메모!

수첩에 메모할까, 휴대폰에 메모할까?

이렇게 메모를 하면 두 가지 좋은 점이 있어요. 하나는 기억하려고 애쓰지 않아도 된다는 것, 하나는 기억하지 않아도 생각을 남길 수 있다는 것!

이제부턴 어떤 생각이 떠오르거나 재미난 상상을 하면 바로 상상 노트에 적어 보세요. 이게 습관이 되면 잊어버리는 게 하나도 문제가 안 돼요.

그럼 당장 노트부터 준비해야겠지요? 가지고 다니기 편한 작은 수첩도 좋고 휴대폰에 있는 메모장을 이용하는 것도 좋아요. 중요한 건 아무리 사소한 생각도 생각날 때 적는 거거든요.

재미난 상상이나 갑자기 떠오른 생각을 잊어버리지 않는 법은 기억하는 게 아니라 메모하는 거라는 사실, 잊지 말아요. 메모의 기술을 네 가지 정도 알려 줄게요. 바로 행동으로 옮겨 메모 습관을 만들어 봐요.

첫째, 언제 어디서든 메모하는 거예요. 길을 걸을 때, 친구랑 대화를 나눌 때, 밥을 먹을 때, 화장실에 있을 때도 만약 수첩이나 휴대폰이 있으면 메모를 해요. 메모할 상황이 안 된다면 그날 떠오른 생각들을 적는 메모 시간을 정해서 메모해요.

둘째, 메모를 할 땐 날짜와 주제를 써요. 주제는 딱 떠오른 낱말을 쓰면 돼요. 그리고 하나의 생각을 한 장에 쓰는 게 좋아요. 메모는 노트 필기를 하듯 빡빡하게 하는 게 아니라 자유롭게 하는 거거든요. 꼭 줄을 맞출 필요도 없어요. 나중에 자기가 알아볼 정도로만 쓰면 돼요.

셋째, 색깔 펜이나 그림 그리기, 동그라미 표시 등을 활용해요. 나중에 꼭 기억하고 싶은 내용은 색깔 펜으로 밑줄을 그어 강조할 수 있어요. 동그라미 표시를 할 수도 있고요. 또 어떤 그림이 떠오르면 그림을 그려도 돼요.

넷째, 종종 메모한 걸 들여다보며 내용을 추가해요. 메모를 하는 이유는 문득 떠오른 생각이나 상상을 저장해 두기 위해서예요. 그러니까 메모를 하고 나서는 메모한 걸 종종 다시 보면서 생각을 발전시키면 좋아요. 그럼 나중에 이야기를 지을 때 좀 더 구체적인 아이디어를 얻을 수 있어요.

메모하기는 전혀 어렵지 않아요. 공부한 걸 정리하는 게 아니고 내가 생각한 것, 마음속에 떠오른 것을 자유롭게 적는 거니까요. 그러니까 누구나 당장 실천할 수 있어요. 메모하기가 귀찮거나 자꾸 메모할 때를 놓치면 휴대폰에 녹음을 하는 방법도 있어요. 이야기를 들려주듯 떠오른 생각을 간단히 말하고 녹음하면 돼요.

다음 수첩에 오늘 날짜를 쓰고 떠오른 생각이나 상상한 걸 간단히 메모해 보자.

년　월　일　요일

1. 오늘 나에게 떠오른 생각은…

_____

_____

_____

_____

_____

2. 오늘 내가 상상한 건…

_____

_____

_____

_____

_____

_____

05
아주아주 오싹한 이야기를 쓰고 싶어요!
이야기의 비밀

나는 공포 이야기를 아주 좋아해요.
공동묘지 이야기, 귀신 이야기, 드라큘라 이야기, 괴물 이야기……
이런 이야기를 읽으면 오싹하면서도 후련한 느낌이 있어요.
읽는 내내 무서워서 조마조마한 마음이
다 읽고 나면 더 이상 무섭지 않으니까요.
그래서 나도 이런 이야기를 쓰고 싶어요.
하지만 어떻게 써야 할지 잘 모르겠어요.
아주아주 오싹하고 섬뜩한 이야기는 어떻게 쓰나요?

책 쓰기 비밀 공개 5-이야기의 비밀

비밀은 '내가 제일 재미있게 읽은 이야기'

이야기를 쓰기 전에 어떤 종류의 이야기를 쓸지 정하는 건 아주 좋은 접근이에요. 이야기의 주제나 내용은 그 다음에 차차 정해도 돼요. 이야기의 종류를 정해 놓으면 그에 맞게 내용을 떠올리고 구성을 하면 되니까 이야기 짓기가 훨씬 수월해요.

오싹한 이야기를 짓고 싶다고 했죠? 이건 이야기의 종류로 말하자면 공포 이야기예요. 그럼 그 동안 읽었던 공포 이야기들이 어떤 인물들과 어떤 내용들, 어떤 구성으로 이루어져 있었는지 떠올려 보세요. 그럼 생각보다 쉽게 어떻게 쓰면 되는지 알 수 있거든요.

지금 당장 내가 가장 좋아하는 이야기책을 책장에서 꺼내 와요. 그 다음 책을 한 번 들춰 보면서 어떤 내용이었는지 떠올려 봐요. 그러면서 등장인물과 사건을 하나씩 바꿔 보는 거예요.

내가 제일 재미있게 읽은 이야기처럼 쓰기
그 이야기를 나의 상상력으로 바꿔 쓰기

예를 들어 전 세계 어린이들이 아주 재밌게 읽는 공포 시리즈 중에 〈구스범스〉 시리즈가 있어요. 읽어 보면 먼저 공포를 느끼게 하는 대상이 나올 거예요. 저주인형, 귀신들, 늑대인간, 악마가면, 반인반수 등이지요. 그리고 이런 존재들이 있는 오싹한 장소도 등장해요. 음산한 숲, 공동묘지, 새로 이사 간 집, 버려진 건물, 잠긴 방 등이지요. 이야기 뒷부분에는 이런 존재들이 왜 나쁜 짓을 하고 겁을 주는지 이유가 나와요.

내가 좋아하는 이야기를 분석한 다음에는 그것을 나의 상상력으로 바꿔 봐요. 책에 늑대인간이 나오면 나는 고양이인간으로 바꿔 보는 거예요. 책에 음산한 숲이 나오면 나는 재개발한다고 집들을 다 부숴 놓은

> 저주인형, 귀신, 늑대인간, 괴물, 악령, 공동묘지, 버려진 건물, 새로 이사 간 집, 주민들이 다 떠난 마을…

텅 빈 마을로 바꿔 보고, 책의 주인공들이 남매라면 나는 친구들로 바꿔 봐요.

이렇게 내용을 바꾼 다음에는 책장을 한 장 한 장 넘기며 책에 나온 내용 흐름에 따라 나도 써 보는 거예요. 시작 부분에 주인공들이 어떤 장소에 가는 내용이 나오면 나도 그렇게 시작하는 거지요. 이렇게 내용을 바꾸기도 하고 따라 하기도 하면서 쓰다 보면 어느 새 이야기 한 편을 뚝딱 쓸 수 있어요.

그럼 이왕에 이야기 종류를 좀 더 알아볼까요? 공포 이야기 말고도 사람들이 좋아하는 이야기 종류가 여럿 있거든요. 판타지(환상적인 이야기), 모험물, 추리물, 공상과학, 웃긴 이야기(코미디), 슬픈 이야기(비극) 등이에요.

판타지는 우리가 사는 세상과는 다른 세계에서 일어나는 신비한 일들에 대해 쓰는 이야기예요. 달세계나 마법세계, 이상한 나라, 거꾸로 나라 등을 배경으로 마법사, 요정, 말하는 동물들, 걸어 다니는 나무, 용 등이 나와요.

모험물은 보물을 찾아 낯선 곳을 탐험하는 이야기예요. 위험한 일들을 헤쳐 나가는 내용이 독자들에게 흥미를 주지요. 추리물은 범죄 사건이 벌어지고 탐정이나 형사 등이 범인을 찾는 이야기예요. 여러 가지 단서를 이용해 범인을 추리해 나가는 과정이 매우 흥미롭지요. 공상과학은 과학기술의 발달을 소재로 하는 이야기예요. 보통 미래사회를 배경으로 하는데, 사람 같은 로봇, 하늘을 나는 자동차, 해저도시, 인간복제, 우주여행 등 미래 발명품이나 기술이 소재가 돼요. 웃긴 이야기는 주인공이 웃기는 말과 행동으로 웃음을 주는 이야기예요. 슬픈 이야기는 주인공이 나쁜 일, 좋은 일을 겪다가 나중에는 결국 아프거나 죽거나 사랑하는 사람을 잃는 이야기예요.

이렇게 이야기 종류를 알고 직접 관련 책들을 많이 읽다 보면 어떻게 쓰는지도 곧 알게 될 거예요.

어떤 종류의 이야기를 좋아하니? 다음 중에서 골라 보자.

- 공포 이야기
- 환상적인 이야기
- 추리 이야기
- 웃긴 이야기
- 모험 이야기
- 슬픈 이야기
- 공상과학 이야기
- 사랑 이야기

위에서 고른 이야기는 어떤 소재와 내용들로 이루어져 있니?

소재	내용

06
진짜 있었던 일처럼 쓰고 싶어요!
배경의 비밀

책 속 이야기들은 대체로 다 가짜지요?
그런데 어떤 이야기들은 진짜 있었던 일처럼 느껴져요.
심지어 마법 이야기도 말이에요.
너무 사실 같아서 그런 나라가 있는 것 같고
그런 사람들이 사는 것 같아요.
나도 진짜 같은 이야기를 쓰고 싶어요.
가짜라는 게 너무 느껴지면 사실 흥미가 안 생기거든요.
가짜 이야기지만 진짜처럼 느껴지게 어떻게 써요?

책 쓰기 비밀 공개 6-배경의 비밀

비밀은 '구체적인 시간과 장소'

옛날이야기를 읽다 보면 비슷한 점이 한 가지 있어요. 대부분 '옛날 옛날에 어느 산골 마을에……'로 시작한다는 거예요. 그럼 우리는 이 이야기가 금방 옛날이야기라는 걸 알고 실제 일어났던 일은 아닐 거라는 생각을 하게 되죠. 그래서 호랑이가 나와서 말을 하거나 귀신이 나오거나 저승에 가는 내용이 나와도 그리 심각하게 받아들이지 않아요.

하지만 요즘 이야기들은 현실에서 일어날 수 없는 이야기인데도 진짜처럼 느껴질 때가 많아요. 마법사가 날아다니고 사자가 말을 하고 외계인이 나와도 진짜 같아서 진지하게 읽게 돼요.

이 차이는 무엇일까요? 이야기는 대부분 가짜인데 왜 어떤 이야기는 그대로 가짜처럼 느껴지고, 어떤 이야기는 진짜처럼 느껴지는 걸까요? 그럼 어떻게 해야 이야기를 진짜 있었던 일처럼 느끼게 쓸 수 있을까요?

구체적인 시간 정하기
구체적인 장소 정하기

시간적 배경은 서기 2055년, 공간적 배경은 화성에 만든 우주 정거장…

'옛날 옛날에 산골 마을에서'처럼 막연하게 시작하지 말고 이야기가 일어나는 구체적인 시간과 장소를 정하는 거예요. 그러면 아무리 현실에서 일어날 수 없는 이야기여도 진짜처럼 느껴져요.

이렇게 이야기의 시간과 장소를 배경이라고 해요. 그러니까 이야기가 진짜처럼 느껴지게 하려면 시간적 배경과 공간적 배경을 구체적으로 정한 다음 이 배경 안에서 주인공이 어떤 일을 겪어나가도록 해야지요.

옛날이야기 중에도 구체적인 시간과 장소가 나오는 이야기들이 있어요. 〈홍길동전〉 같은 경우는 조선시대 세종대왕 시절을 시간적 배경으로 지금의 서울인 한양과 해인사 절이 있는 합천을 공간적 배경으로 하고 있어요. 그래서 〈홍길동전〉을 읽으면 홍길동이 진짜 있었던 사람같이 느껴져요. 물론 '홍길동'이라는 이름을 가진 인물이 연산군이 왕이었을 때 실제로 있었던 도둑이긴 해요. 하지만 배경이 구체적이지 않았다면 이름이 같다고 해도 실제 있었던 사람이라는 느낌은 안 들 거예요.

그럼 시간적 배경과 공간적 배경을 정하는 방법을 알려 줄게요.

먼저 시간적 배경이에요. 시간은 아주 큰 단위의 시간과 중간 단위, 그리고 작은 단위의 시간이 있어요. 큰 단위의 시간은 과거(옛날) – 현재(요즘) – 미래예요. 즉 시대지요. 어느 시대 이야기인지 정하는 거예요.

그 다음 계절이 있어요. 봄 – 여름 – 가을 – 겨울 중에서 어느 계절에 일어난 이야기인지 정하는 거예요. 한 계절에만 일어나는 이야기를 쓸 수도 있고 여러 계절에 걸쳐 일어나는 이야기를 쓸 수도 있어요.

마지막으로 며칠 동안 일어난 이야기인지 정하는 거예요. 하루 동안 일어난 일일 수도 있고, 몇 달에 걸쳐 일어난 일일 수도 있어요. 이건 이야기를 쓰면서 바뀔 수도 있을 거예요.

이번엔 공간적 배경이에요. 먼저 실제로 있는 공간인지 아니면 없는 공간인지 정해요. 실제로 있는 공간이면 어떤 지역이나 산, 바다, 특정한 유적지, 집, 학교 등이 있어요.

현실에 없는 공간이라면 지도를 그려 보면 좋아요. 이때 각 나라나 장소의 이름도 지어 보세요. 〈오즈의 마법사〉에 보면 에메랄드 도시, 난쟁이들의 마을 등이 나와요. 각각 어떤 모습이고 어떤 특성이 있는지 상상해 봐요.

이렇게 시간적 배경과 공간적 배경을 구체적으로 정한 다음 이야기를 쓰면 더욱 진짜 같고 생생한 이야기를 쓸 수 있어요.

내가 쓸 이야기의 시간적 배경을 정해 보자.

과거-현재-미래 중 언제?

봄-여름-가을-겨울 중 어느 계절?

열두 달 중 어느 달?

하루 중 언제?

내가 쓸 이야기의 공간적 배경을 정해 보자.

주인공이 사는 곳은?

이야기가 일어나는 곳은?

07
착하기만 한 주인공은 별로예요!
주인공의 비밀

옛날이야기를 보면 주인공이 있잖아요.
콩쥐, 신데렐라, 흥부, 백설공주, 심청이……
모두 아주 유명한 주인공들인데 좀 답답해요.
다들 너무 착하기만 해서 그런 것 같아요.
나는 착한 주인공 말고 개성 넘치는 주인공 이야기를 짓고 싶어요.
괴짜 발명가, 엉뚱한 박사, 잘 잊어버리는 마녀,
힘이 장사인 아기, 잠만 자는 고양이, 산만한 강아지……
개성 있는 주인공을 만들려면 어떻게 해야 하나요?

책 쓰기 비밀 공개 7-주인공의 비밀

비밀은 '또 다른 나'

정말 좋은 질문이에요. 이야기에서 주인공을 정하는 건 아주 중요하거든요. 주인공이 어떤지에 따라 그 이야기가 더 재미있기도 하고 덜 재미있기도 해요. 주인공은 그야말로 이야기를 이끌어 가는 주인이기 때문에 본격적인 이야기를 짓기 전에 아주 자세히 정해야 해요.

〈해리 포터〉 시리즈의 주인공 '해리', 〈빨강머리 앤〉의 주인공 '앤', 〈오즈의 마법사〉의 주인공 '도로시', 〈마당을 나온 암탉〉의 주인공 '잎싹' 등을 떠올려 보세요. 모두 어떤가요? 실제 어딘가에 살아 있다고 생각될 정도로 아주 큰 존재감이 느껴져요.

이렇게 생생한 주인공을 만드는 방법은 성격만 정할 게 아니라 마치 실제 살아 있는 사람처럼 생김새, 성격, 특성 등을 다 상상해 봐야 해요. 그가 바로 '나'라고 생각해 보면 좀 더 쉽게 접근할 수 있어요. 이때의 '나'는 진짜 '나'가 아니고 '또 다른 나'예요. 내가 바라는 나, 내가 되고 싶은 나, 내가 꿈꾸는 나는 어떤 사람인지 상상해 보는 거지요.

주인공은 또 다른 나
나와 닮은 듯 다른 생김새와 성격 창조!

앞서 작가의 비밀에 대해 말할 때 자기 자신을 먼저 알아야 된다고 했어요. 그러기 위해서 나는 어떤 사람인지 적어 보라고 했지요. 이것처럼 내가 바라는 또 다른 나는 어떤 사람인지 상상해 보는 거예요. 진짜 내 옆에 있는 사람처럼 아주 자세하게 말이에요.

나에 대해 조사할 때도 나의 생김새, 성격, 가족 관계, 친구들, 좋아하는 것, 싫어하는 것, 잘하는 것, 못하는 것 등 아주 자세하게 알아보았을 거예

나는 10살이지만 또 다른 나는 9살, 나는 긴 머리이지만 또 다른 나는 짧은 머리, 나는 부모님이 모두 계시지만 또 다른 나는 고아…

요. 그처럼 또 다른 나에 대해서도 생각할 수 있는 모든 점들을 다 생각해 봐요. 어떤 점들을 생각해 봐야 하는지 좀 더 자세하게 말해 줄게요.

먼저 기본사항을 정해요. 이건 나이, 학년, 학교, 성별, 생년월일 등이에요.

그 다음 생김새에 대해 생각해 봐요. 이건 그림을 그려 보면 좋아요. 눈, 코, 입의 특징적인 점, 머리 모양, 전체적인 키와 몸집 등을 그려 보는 거예요. 그림 그리는 것이 별로 자신이 없다면 글로 간단히 정리해도 좋아요.

세 번째로 성격에 대해 상상해 봐요. 성격은 착한 성격, 나쁜 성격처럼 단순하게 생각하지 말고 좀 더 구체적으로 생각해 보면 좋아요. 덜렁대는 성격인지 꼼꼼한 성격인지, 말이 많은 성격인지 조용한 성격인지, 사람들과 함께 지내는 걸 좋아하는 성격인지 아니면 혼자 있는 걸 좋아하는 성격인지, 무슨 일을 할 때 앞에 나서는 성격인지 옆에서 도와주는 성격인지, 즐겁게 노는 것을 좋아하는 성격인지 열심히 탐구하고 공부하는 걸 좋아하는 성격인지 생각해 봐요. 지금 나의 성격과 비슷하게 정할 수도 있고 평소 부러워하는 성격이나 내가 바라는 성격으로 정할 수도 있어요.

네 번째는 특징을 정하면 돼요. 습관이나 재주, 특별한 능력 등을 상상해 보세요. 긴장하면 재채기를 한다거나, 무심결에 코딱지를 판다거나, 꽃가루 알레르기가 있다거나, 새소리를 똑같이 낸다거나, 엄지발가락 힘이 엄청 세다거나, 아예 현실에서는 불가능한 능력도 좋아요. 쥐를 보면 고양이로 변한다거나 하는 능력들 말이에요. 이런 특징들은 나중에 이야기 속에서 여러 가지 일들을 겪거나 사건을 해결할 때 드러날 거예요.

마지막으로 주인공의 주변 사람들에 대해 생각해 봐요. 가족과 친구들 말이에요. 그럼 주인공이 진짜 살아 있는 사람처럼 느껴질 거예요.

내가 쓰고 싶은 이야기의 주인공의 모습을 그림으로 그려 보자.

위 주인공의 성격과 특징을 간단히 적어 보자.

성격	특징

08
주인공 혼자만 나오는 건 아니잖아요!
등장인물의 비밀

주인공만 이야기에 나오는 건 아니잖아요.

그럼 좀 심심할 것 같아요.

주인공도 심심하고 그 이야기를 읽는 우리도 같이 심심하겠죠.

이야기가 재미있으려면 주인공 말고도 여러 인물들이 나와야 하지 않나요?

주인공 친구도 있고, 가족도 있고, 또 다른 사람들도 있을 거예요.

이들 중에는 주인공과 친한 사람도 있고,

주인공을 괴롭히고 방해하는 사람도 있겠죠?

이번엔 주인공과 등장인물들을 어떻게 정하면 되는지

알려 주세요.

책 쓰기 비밀 공개 8-등장인물의 비밀

비밀은 '라이벌과 조력자'

사람이 혼자 살아갈 수 없는 것처럼 이야기 속 주인공 또한 혼자 사건을 해결하고 어려움을 헤쳐 나갈 수 없어요. 주인공 혼자만 나오는 이야기는 웬만하면 재미있기 힘들어요.

물론 그런 이야기 중에 재미있는 이야기도 있어요. 〈로빈슨 크루소〉 같은 경우예요. 주인공 로빈슨이 무인도에 표류하여 지내는 이야기라 다른 인물이 거의 나오지 않아요. 그래도 재미있고 흥미롭지요. 그런데 이야기를 읽다 보면 그가 완전히 혼자는 아니란 사실을 알 수 있어요. 주변에 사람은 없지만 충성스러운 개가 있고 힘들 때마다 성경책을 읽으며 하느님과 대화를 나누거든요. 나중엔 원주민 소년을 구해 주고 조수로 삼아 함께 지내기도 하고요.

이렇게 주인공 혼자 나오는 이야기도 마치 누가 있는 것처럼 이야기를 짜야 재미있어요. 그럼 어떤 인물들이 있어야 할까요?

주인공을 돕는 조력자
주인공과 경쟁하는 라이벌

주인공을 돕는 사람들과 방해하는 사람들이라…

조력자는 말 그대로 주인공을 돕는 인물이에요. 한 명일 수도 있고 여러 명일 수도 있어요. 그리고 선생님이나 부모님처럼 나이가 많을 수도 있고 또래 친구일 수도 있고, 개나 고양이 같은 동물일 수도 있어요. 평소 주인공과 알고 지내던 인물이 조력자가 되기도 하고, 아예 처음 본 인물이 주인공을 돕기도 해요. 옛날이야기에 보면 갑자기 신선이 나타나서 주인공을 돕는 경우가 바로 이런 경우예요.

한편 라이벌은 주인공과 경쟁하는 인물이에요. 그런데 나쁜 라이벌은 주인공을 방해하기도 하고 아예 없애려고 하기도 해요. 한마디로 악당이지요.

〈해리 포터〉 이야기를 예로 들어 볼까요?

〈해리 포터〉 시리즈의 주인공은 해리 포터예요. 해리는 고아 소년인데 마법사지요. 해리 포터 주위에서 그를 돕는 사람들은 친구들과 선생님들, 마법사 기사단이에요. 친구들은 해리를 도울 뿐만 아니라 함께 나쁜 마법사들에 대항해 함께 싸우기도 해요. 해리를 방해하는 사람들은 최고로 나쁜 마법사 볼드모트와 그 부하들이에요. 이들은 해리를 아예 죽이려고 하지요. 그래야 마법 세계를 자기들 차지로 만들 수 있으니까요.

주인공 외에 등장인물들도 실제 있는 사람처럼 조금 구체적으로 정하는 게 좋아요. 나이, 성별, 생김새, 하는 일, 성격, 특징, 능력 등 자세히 정하면 쓸 때 훨씬 편해요.

주인공의 친구는 주인공과 친한 친구도 있고, 별로 친하지 않은 친구도 있을 거예요. 둘 다 주인공이 문제를 해결하는 데 어떤 도움을 줄 수 있는지 생각해 봐요.

주인공의 가족은 주인공을 돌보고 보살피는 일을 해요. 평소엔 주인공에게 잔소리를 해도 결정적인 순간에 도움을 주지요.

주인공의 멘토를 정할 수도 있어요. 주인공의 꿈이나 재능을 더 키워 주고, 주인공에게 좋은 말을 많이 해 주는 사람이지요.

주인공의 라이벌은 주인공의 친구일 수도 있고 아예 다른 인물일 수도 있어요. 주인공과 어떤 일을 두고 경쟁하는 사이거나 주인공이 하는 일을 사사건건 방해하며 괴롭히는 인물이지요.

주인공의 라이벌에게도 그를 돕고 함께 다니는 인물들이 있어요. 심부름꾼이나 부하 같은 존재들 말이에요. 라이벌과 한 팀이 되어 주인공을 괴롭히지요.

내가 쓰고 싶은 이야기의 주인공과 관계 맺는 인물들을 정해 보자.

주인공의 친구:

주인공의 가족:

주인공의 멘토:

라이벌 또는 악당:

라이벌 쪽 인물들:

09
이야기가 너무 밋밋해요!
갈등의 비밀

주인공도 정하고 등장인물도 정한 다음 이야기를 썼는데
왜 재미가 없는 거죠?
사실 저는 재미있는 것 같은데
가족들이랑 친구들이 읽어 보더니 재미가 없대요.
뭔가 하나 빠진 것 같다는데 그게 뭔지 모르겠어요.
배경도 3010년 지구라고 구체적으로 정했단 말이에요.
뭐가 문제인지 알려 주세요.

책 쓰기 비밀 공개 9-갈등의 비밀

비밀은 '다른 마음, 다른 생각'

멋진 주인공을 등장시켜 영웅적인 활약을 하는 이야기를 지었는데도 재미가 없는 경우가 종종 있어요. 왜 그런지 다음 이야기를 읽어 봐요.

"정통시대에 칼리프라는 나라에 탄자 왕자가 살았어요. 왕자는 늠름하고 용감하고 매우 지혜로웠어요. 어느 날 왕자는 친구이자 신하인 졸테 장군과 함께 사막으로 모험을 떠났어요. 한참 가다보니 으리으리한 성이 나타났어요. 왕자는 이 성의 왕이 되었답니다."

위 이야기를 다 읽고 아마 이런 생각이 들었을 거예요.

'이게 뭐야? 아무 일도 일어나지 않았잖아……!'

왕자가 모험을 떠났다가 큰 성에 이르러 왕이 되었다는 이야기인데 흥미를 끄는 내용이 없어요. 마음이 조마조마하지도 않고 다음에 벌어질 일이 별로 궁금하지도 않아요. 그 이유는 갈등이 없기 때문이에요. 갈등이 뭐냐고요?

주인공 안의 다른 마음
주변 사람들과 다른 생각

주인공 안에 다른 마음이 있고 주변 사람들과 다른 생각이 있으면 어떤 일이 일어날까요? 화가 나거나 다투거나 싸우는 일 등 충돌이 일어나요. 그러면 마음이 조마조마하고 다음에 어떤 일이 벌어질지 궁금해져요.

이렇게 등장인물들끼리 서로 생각이나 입장이 달라서 충돌하는 것이 바로 갈등이에요. 앞의 이야기에는 바로 이 갈등이 없어요.

만약 앞의 이야기에 왕자가 아버지나 형제들, 늙은 신하들과 갈등이 있었다면 내용이 처음부터 흥미진진할 거예요. 그럼 사막에서 모험을 할 때도 이들이 왕자를 쫓아와 아주 조마조마한 일

누가 싸운다고 하면 갑자기 흥미가 생기긴 하지.

이 생길 수 있고, 성 안에 들어가서도 마지막으로 대결투가 벌어질 수 있어요. 그럼 이야기가 훨씬 재미있을 거예요.

갈등은 이야기를 아주 재미있게 만들어 주는 요소예요. 그럼 이런 갈등을 어떻게 만들면 될까요? 크게 두 가지 방법이 있어요.

먼저 주인공 안에 서로 다른 마음들이 있으면 갈등이 일어날 수 있어요. 예를 들어 숙제를 해야 한다는 마음과 게임을 하고 싶은 마음이 동시에 있을 때 갈등이 일어나지요. 이때 한 가지 마음을 포기하거나 극복하면 갈등이 해결되지만 두 마음이 싸우게 되면 갈등이 커져요.

두 번째는 주인공과 등장인물들이 서로 생각이 다르고 입장이 다르면 갈등이 일어나요. 게임기는 하나인데 나도 게임을 하고 싶고 친구도 게임을 하고 싶으면 누가 먼저 할지를 두고 둘이 갈등하게 되죠. 만약 한 쪽도 양보하지 않으면 큰 싸움으로 번질 수 있어요.

위의 왕자 이야기는 이런 갈등을 생각해 볼 수 있어요. 왕자 안에 있는 갈등이라면 왕이 되고 싶은 마음과 자유롭게 살고 싶은 마음이 충돌할 수 있어요. 또 아버지 왕에게 잘 보이고 싶은 마음과 아버지보다 더 잘나고 싶은 마음이 갈등할 수도 있지요. 이런 마음 때문에 왕궁을 떠나 모험을 하게 되었다고 쓰면 왕자의 마음에 공감이 가면서 함께 모험을 떠나는 느낌이 들 거예요.

왕자가 다른 인물들과 갈등한다면 왕, 형제들, 신하들, 도적들 등과 갈등할 수 있어요. 또 사막 같은 자연환경과도 갈등할 수 있어요. 이런 갈등들 때문에 왕자가 사막을 모험할 때 위기가 닥칠 거예요. 그럼 이야기가 훨씬 흥미진진해지겠지요.

요즘 겪는 갈등 중에 내 마음 속의 갈등들을 말해 보자.

요즘 겪는 갈등 중에 다른 사람과의 갈등들을 말해 보자.

10
이야기를 쓰다 보면 뒤죽박죽이 돼요!
이야기 구성의 비밀

아무래도 제 머리가 이상한가 봐요.
이야기를 쓰다 보면 처음에 쓰려고 했던 내용에서 점점 벗어나 나중엔 뒤죽박죽이 되어 버려요.
이야기를 쓰다 보면 머릿속에서 새로운 생각이 자꾸 떠오르거든요.
정말 재밌고 환상적인 생각들이에요.
그래서 더 재미있는 이야기를 만들려고 그것들을 이야기에 바로 써요.
그런데 다 쓰고 나서 읽어 보면 이상해요.
내 머리가 이상한 거죠? 생각들을 어떻게 정리할 수 있나요?

책 쓰기 비밀 공개 10-이야기 구성의 비밀

비밀은 '5단계 내용 나누기'

이야기가 뒤죽박죽이 되는 이유는 머리가 이상해서가 아니에요. 인간의 뇌가 원래 그래서 그런 거예요. 무슨 말이냐고요? 우리 뇌는 한 가지 주제나 내용에 대해 집중적으로 생각하는 능력이 매우 부족해요. 연상에 의해 자유롭게 생각하죠.

예를 들어 왕자가 용을 물리치는 이야기를 짓다가도 갑자기 왕자가 사용하는 칼에서 이순신 장군이 연상될 수도 있고, 총이나 대포가 연상될 수도 있어요. 용에 대해 설명할 때는 공룡이 떠오를 수도 있고, 여의주나 이무기가 떠올라 그 얘기를 늘어놓게 될 수도 있죠.

그러니까 이야기를 쓰는 중에 재밌고 참신한 생각들이 떠오르는 건 전혀 이상한 게 아니에요. 문제는 재미있는 생각이라고 바로 이야기에 쓰면 안 된다는 거예요. 뒤죽박죽 이야기가 될 수 있으니까요.

그래서 본격적인 이야기를 쓰기 전에 쓸 내용을 순서대로 정리해 보는 게 좋아요. 어떤 내용을 먼저 쓰고, 어떤 내용을 그 뒤에 쓸지 말이에요. 이때 사건을 시간 순서나 원인과 결과에 따라 5단계로 나누면 돼요.

시간 순서대로 내용 나누기
사건의 원인과 결과로 내용 나누기

이야기의 내용들이 아무렇게나 연결되면 읽는 사람이 아주 헷갈리겠죠. 그래서 기본적으로는 시간 순서대로 나열하거나 좀 더 재미있게 쓰려면 앞 사건과 뒷 사건이 서로 인과 관계를 갖도록 나열하는 거예요. 여기서 원인이 되는 사건을 먼저 쓸 수도 있고 결과가 되는 사건을 먼저 쓸 수도 있어요.

이렇게 이야기의 내용이나 사건들끼리 서로 관련되게 연결한 것을 '구성'이라고 해요. 짜임새라고도 하죠. 우리가 집을 지

> 사건의 5단계는 발단 - 전개 - 위기 - 절정 - 결말이야!

을 때 설계를 하고 뼈대를 만들죠? 바로 그 과정이라고 생각하면 돼요. 설계도 없이, 그리고 뼈대 없이 집을 만들면 어떻게 될까요? 뒤죽박죽이 될 거예요. 설계도는 집을 어떤 모양과 구조로 지을지 그린 것이고, 뼈대는 집의 전체적인 구조의 기본 틀이에요.

이야기의 구성은 보통 5단계로 나누면 돼요. 각 단계를 조금 어려운 말로 발단, 전개, 위기, 절정, 결말이라고 하죠. 각각 어떤 내용을 넣으면 되는지 알아볼까요?

발단은 이야기의 시작 단계예요. 여기서는 이야기의 기본 배경과 주인공, 그리고 등장인물들을 소개해요. 배경이 언제 어디이고, 주인공의 생김새와 성격, 특성은 어떻고, 다른 등장인물들은 또 어떤 사람들인지 쓰는 거예요.

두 번째 단계는 전개예요. 여기서는 사건을 슬슬 진행시켜요. 주인공과 주변 인물들의 갈등을 보여 주는 사건들을 쓰는 거예요.

세 번째는 위기 단계예요. 전개에 나온 갈등이 점점 심해지는 걸 보여 줘요. 주인공이 위기에 빠지는 내용을 쓰는 거예요.

네 번째 절정 단계는 갈등이 최고조에 이른 단계예요. 주인공의 감정이 폭발하고 문제가 극으로 치닫는 거예요. 모험 이야기에 나오는 해적과의 마지막 처절한 결투처럼 말이에요. 아주 극적이고 조마조마한 느낌이 드는 내용을 써요. 동시에 갈등이 어떻게 해결될지 암시도 집어넣어요.

마지막 다섯 번째는 결말 단계예요. 갈등이 해결되고 문제가 풀리는 단계지요. 주인공과 라이벌이 어떤 결말을 맞는지 쓰면 돼요. 주인공의 운명이 여기서 결정되는 거죠.

왕자가 사막에서 도적 떼를 만나 벌어지는 이야기의 구성을 짜 보자.

발단: 이야기의 시작

전개: 이야기의 진행

위기: 도적 떼의 습격

절정: 도적 떼와 결판

결말: 사건의 해결

01
웩, 똥을 밟았어!
내가 겪은 일로 쓰기

　우리는 하루에도 아주 많은 일을 겪어요. 그 중에서 시간이 지나도 마음에 남는 일이 있을 거예요. 재미있는 일뿐만 아니라 어떤 때는 재미없는 일도 기억에 남지요. 기억하고 싶지 않은 창피한 일, 처음 해 보는 새로운 일도 기억에 남아요. 이런 일들은 책 쓰기의 아주 좋은 소재가 될 수 있어요. 이 일들을 있는 그대로 쓰면 일기나 생활문이 되고 여기에 상상을 더하면 이야기책이 돼요. 이때 기억에 남는 일들은 '창작 노트'에 꼭 메모해 둡니다.

　그런데 만약 마음에 남는 일이 없다면 아침부터 저녁까지 마음속으로 하루를 떠올려 보세요. 아침에 일어나 밥을 먹은 일, 학교에 가다가 사람들을 만난 일, 학교에서 수업을 받은 일, 친구와 함께 한 일, 학교 끝나고 다시 집으로 돌아가다가 한 일, 학원에서 한 일 등 시간에 따라 하나씩 떠올리는 거예요. 그런 다음 한 가지 일을 골라 반대의 상황으로 상상해 보거나 그 일 다음에 벌어질 황당하면서도 재밌고 엉뚱한 일들을 상상해 보는 거예요.

　예를 들어 학교에 가다가 개똥을 밟은 일이 있다면, 이 사건을 앞뒤로 해서 이야기를 지어 봐요. 그때 어떤 신발을 신었고 그 신발은 어떻게 됐는지, 또 개똥은 어디서 밟았고 누구의 개똥인지 등을 자유롭게 상상해 봅니다.

이런 이야기 어때?

아빠가 이탈리아 출장을 갔다 오면서 신발을 사 오셨어. 이탈리아에서 거의 열 번째로 유명한 신발 장인이 만든 신발이래. 그래서 그런지 번쩍번쩍 아주 멋있었지. 우리 집 토토도 왈왈 하며 멋있다고 꼬리를 쳤어. 나는 신발이 너무 마음에 들어서 얼른 학교에 신고 가고 싶었어.

다음 날 가방을 메고 룰루랄라 콧노래를 부르며 학교를 향해 출발했어. 물론 어제 아빠가 사 오신 새 신발을 신고 말야. 나는 사람들에게 자랑하려고 일부러 조금 먼 길을 택했어. 공원을 거치고 가는 길이야. 매일 저녁 토토랑 산책하러 가는 공원이지.

그런데 이런 개떡 같은 일이 있나! 공원 분수대를 막 지나는데 뭔가 기분이 아주 나쁜 거야. 진흙을 밟은 것처럼 말이야. 나는 아주아주 불길한 예감이 들었어. 이런 예감은 언제나 틀리지를 않지. 세상에나 천천히 아래를 내려다보니 글쎄 내 새 신발이 개똥 위에 깊숙이 처박혀 있는 거야. 나는 순간 괴물이라도 만난 것처럼 고함을 지르며 폴짝폴짝 뛰었어.

… 개똥을 밟은 이야기 …

다음에 어떤 일이 일어날까? 개똥이 묻은 새 신발은 어떻게 됐을까? 누가 개똥을 치우지 않은 걸까? 지금부터 네가 상상해 봐!

상상 키우기

다음 질문을 보고 앞 이야기를 내 맘대로 상상해 보자.

나는 개똥이 묻은 새 신발을 어떻게 했을까?

누가 개똥을 치우지 않은 걸까?

개똥이 토토의 개똥이라면 이 사실은 어떻게 밝혀질까?

나의 이야기 창작 노트

그 동안 겪은 일들 중에서
마음에 남는 일을 하나 골라 상상해 보자.

02
엄마랑 나랑 바뀌었어요!
가족과의 이야기로 쓰기

나의 든든한 울타리, 내가 심심할 땐 같이 놀아 주고 모르는 게 있으면 가르쳐 주고 맛있는 건 나눠 먹고 기쁜 일이 있으면 함께 기뻐하고 속상한 일이 있으면 걱정하며 도움을 주는 사람들…… 바로 가족이에요. 우리는 가족과 아주 많은 시간을 함께 보내며 아주 많은 일들을 함께 겪어요. 이 과정에서 마음을 나누며 더욱 친밀해지지요.

하지만 이렇게 내 마음에 쏙 드는 일만 있는 건 아닐 거예요. 때론 부모님의 잔소리에 짜증이 나기도 하고, 다른 형제들과 비교하거나 나만 혼을 내면 화가 나기도 하죠. 내가 원하는 것을 들어 주지 않으면 심술도 나요.

이렇게 다양한 감정을 느끼게 하는 가족들과 있었던 사건을 하나 골라 재미있는 상상을 해 보세요. 마트에 갔다가 엄마를 잃어버리고 겨우 찾은 이야기나 동생과 심부름을 가다가 나쁜 형들을 만나서 힘을 모아 싸웠다는 이야기나 아니면 아예 엉뚱하게 가족 중 한 명과 몸이 바뀌었다는 재미난 상상도 좋아요. 누구랑 몸이 바뀌었고 그 후에 어떤 일들이 일어났는지 상상해 봅니다.

이런 이야기 어때?

아침에 일어나 보니 엄마랑 나랑 바뀌어 있는 거야. 엄마가 나를 다급하게 깨우길래 무슨 일인가 하고 눈을 떠 보니 글쎄, 내 눈앞에 내가 있는 거 있지! 나는 너무 놀라 꿈을 꾸는 줄 알았어. 그런데 볼을 꼬집어보니 진짜 아팠지.

엄마가 이제 어떡하냐고 엉엉 울었어. 나는 엄마가 아이가 되니까 마음도 아이가 되었다고 생각했어. 그래서 내가 돌봐 줘야겠다고 마음을 먹었어. 가족들에겐 일단 비밀로 하기로 했어. 나는 엄마를 달래고 얼른 부엌으로 갔어. 하지만 밥을 할 줄 몰라 어제 먹다 남은 식빵을 대충 먹기로 했어.

8시 30분이 되자 나는 엄마한테 얼른 학교에 가라고 했어. 엄마는 가기 싫다고 떼를 썼지만 내가 무서운 얼굴로 노려보자 징징대며 그냥 갔어. 나는 엄마가 학교에서 실수할까 봐 마음이 조마조마했어. 수학이랑 국어는 진짜 어렵거든. 하지만 내가 같이 가서 가르쳐 줄 수가 없잖아. 엄마가 학교에 같이 오는 애는 한 명도 없으니까.

… 엄마와 내가 바뀐 이야기 …

다음에 어떤 일이 일어날까? 엄마와 나는 왜 바뀌었을까? 영원히 바뀐 채로 살게 될까? 지금부턴 네가 상상해 봐!

상상 키우기

다음 질문을 보고 앞 이야기를 내 맘대로 상상해 보자.

엄마와 나는 어떤 일로 몸이 바뀌었을까?

엄마는 학교에 가서 어떤 실수를 했을까?

엄마와 나는 어떻게 해서 원래대로 몸이 바뀌게 될까?

나의 이야기 창작 노트

> 가족과 겪은 일들 중에서
> 하나를 골라 상상해 보자.

03
나 이제 너랑 절교야!
친구와의 이야기로 쓰기

　가족만큼 소중한 사람, 바로 친구예요. 친구가 없으면 정말 심심하고 마음이 외로워요. 그래서 학교에서도 같이 놀고 학교가 끝나서도 같이 놀고 주말에도 같이 놀죠. 아무리 놀아도 또 놀고 싶어요.

　그런데 막상 함께 놀다 보면 싸울 때가 종종 있어요. 처음에는 마음이 잘 맞아 즐겁게 놀다가도 어느 한 가지의 생각이 다르면 서로 자기 고집대로만 하려다가 말싸움이 나요. 그럼 기분이 상하고 다시는 같이 안 놀겠다고 다짐을 하죠. 그런데 희한해요. 다음날이 되면 이런 마음이 거짓말처럼 사라지니까요. 이게 우정의 위대함인가 봐요.

　그래서 친구랑 있었던 일들 중에서 이야기를 짓는다면 우정에 관한 이야기가 좋을 것 같아요. 실제로 싸웠다가 다시 친해졌던 일이 있으면 이걸 소재로 우정 이야기를 지어 보는 거예요. 어떤 일로 절교했다가 다시 친구가 된 이야기 말이에요. 이 과정에서 서로 감정이 어떻게 변하고 속마음은 어땠는지 상상해 보세요.

이런 이야기 어때?

지민이랑 나는 한 살 때부터 친구야. 우리 엄마랑 지민이 엄마가 우리들을 낳았을 때 같은 조리원에 있었거든. 알고 보니 동네도 같아서 엄마들끼리도 친구가 되고 우리도 친구가 됐어. 우리는 유치원도 함께 다니고 수영장도 함께 다니고 여행도 함께 다녔어. 쌍둥이처럼 말이야.

우리는 정말 너무 친해서 싸워도 금방 풀렸어. 서로 미안하다고 말하지 않아도 아무 상관없었지. 하지만 지금은 아니야. 절교했거든. 지난 주 일요일에. 지금도 그 일을 생각하면 화가 나.

지민이가 우리 집에 놀러 왔는데 자꾸 내가 만든 액자를 만지는 거야. 그래서 만지지 말라고 그랬더니 도리어 나한테 화내는 거 있지? 나도 당연히 화를 냈지. 우리는 이것 때문에 말싸움이 나고 갑자기 지민이가 집으로 휑 가 버렸어. 나는 정말 황당했지. 그래서 절교가 됐어. 절대 먼저 연락하지 않을 거야.

… 친구랑 싸운 이야기 …

두 친구의 마음은 어떨까? 어느 쪽이 더 잘못일까? 둘은 다시 친하게 지내게 될까? 지금부턴 네가 상상해 봐!

상상 키우기

다음 질문을 보고 앞 이야기를 내 맘대로 상상해 보자.

싸우고 나서 두 친구의 마음은 어떨까?

왜 서로 먼저 사과하지 않는 걸까?

어떤 일로 둘이 다시 친하게 될까?

나의 이야기 창작 노트

친구와 있었던 일들 중에서
하나를 골라 상상해 보자.

04
학교에 가다가 코끼리를 만났어~
주변의 장소로 쓰기

늘 지나는 익숙한 곳인데 어느 날 문득 재미난 생각이나 이상한 느낌이 들 때 없나요? 〈지각대장 존〉이라는 동화책에 보면 주인공 존이 학교에 가는 길에 엉뚱한 일을 겪는 이야기나 나와요. 들판을 지날 때 사자를 만나고, 강가를 지날 때는 악어한테 위협을 당하고, 다리를 건널 때는 파도가 덮쳐 옷이 다 젖지요. 이렇게 이상한 일들 때문에 존은 학교에 지각하고 선생님께도 야단을 맞아요. 뒷이야기는 어떻게 되는지 한번 읽어 보세요.

존처럼 학교에 가는 길을 한번 떠올려 보세요. 어떤 장소들을 지나치나요? 주차장, 놀이터, 공원, 다리, 횡단보도, 경찰서 앞 등 평소에는 별로 신경 쓰지 않았던 장소들에서 어떤 이상한 일들이 벌어질지 상상해 보는 거예요. 갑자기 괴물을 만날 수도 있고 마법 세계로 가는 문을 발견할 수도 있어요.

예를 들어 놀이터나 공원에서 야생동물을 만났다고 상상해 보세요. 그 동물은 무엇이고 어디에서 어떻게 왔는지, 나는 어떻게 대응했는지, 함께 어떤 일을 했는지 신나는 상상을 해 봅니다.

이런 이야기 어때?

학교 가는 길에 아파트 놀이터를 지나는데 못 보던 미끄럼틀이 하나 있는 거야. 꼭 가죽으로 만든 것처럼 짙은 회색에다 코끼리 모양을 하고 있었어. 시간이 없었지만 한번 타 보고 싶었어. 그래서 훌쩍 뛰어 올랐지.

그런데 갑자기 미끄럼틀이 움직이는 거야. 나는 "으악~"하고 소리를 질렀어. 그랬더니 그 미끄럼틀이 말을 하지 뭐야. "심심하던 참이었는데 누구냐?" 세상에나! 미끄럼틀은 진짜 코끼리였어! 나는 너무 깜짝 놀랐지만 흥분하지 않기로 했어. 갑자기 코끼리가 날뛰어서 떨어지기라도 하면 내 다리만 부러질지도 모르니까.

나는 최대한 침착하게 말했어. "아~ 미안, 그만 내려갈게." 그러자 코끼리가 이번엔 벌떡 일어서는 거야. "어딜 내려가? 놀이터에 왔으면 놀아야지."

학교 갈 시간이 다 됐는데 어떡하지? 나는 너무 난감했어.

… 놀이터에서 코끼리를 만난 이야기 …

코끼리는 어디에서 왔을까? 나는 코끼리랑 무얼 하게 될까? 코끼리는 다시 원래 있던 곳으로 돌아갈까? 지금부턴 네가 상상해 봐!

상상 키우기

다음 질문을 보고 앞 이야기를 내 맘대로 상상해 보자.

코끼리는 어디에 있다가 놀이터에 오게 된 걸까?

코끼리는 나에게 어떤 요구를 할까?

나는 코끼리의 요구를 어떻게 들어 줄까?

나의 이야기 창작 노트

주변의 장소에서 일어날 수 있는 재미난 일을 상상해 보자.

05
할머니의 낡은 거울
소중한 물건에 얽힌 이야기 쓰기

요즘 사람들은 새 물건을 좋아해요. 그래서 조금 낡거나 기능이 떨어지면 바로 새 것으로 바꾸지요. 그런데 집에 있는 어떤 물건들은 아주 옛날 건데도 버리지 않고 소중히 보관하기도 해요. 조상이 남긴 유품이나 대대로 물려주는 가보 같은 거지요.

이런 물건들엔 보통 사연이 있어요. 그 물건에 얽힌 이야기 말이에요. 할머니가 시집 올 때 할머니의 어머니가 주신 반지라든가 외할아버지가 처음 월급을 받아서 산 시계라든가 하는 이야기들이지요.

집에 있는 물건들 중에서 이런 사연이 있는 물건을 찾아보세요. 사연은 대체로 길지 않겠지만 상상력을 발휘해서 이야기를 지어 보는 거예요. 예를 들어 할머니에게 낡은 거울이 있다고 상상해 보세요. 할머니는 그 거울을 누구에게 받은 걸까요? 그 거울을 처음 산 사람은 누구일까요? 그 사람은 왜 그 거울을 주었을까요? 그 사람은 거울을 주고 나서 어떤 삶을 살게 되었을까요? 꼬리에 꼬리를 물어 상상해 봅니다.

이런 이야기 어때?

할머니 집에 가면 아주아주 오래된 물건들이 아주아주 많아. 그 중에서 제일 오래 된 물건은 거울이야. 아빠가 그러는데 할머니의 외할머니가 남겨 주신 거래. 그러니까 할머니의 외할머니가 할머니의 엄마한테 남겨 주시고 할머니의 엄마가 다시 할머니한테 남겨 주신 거지. 거의 100년쯤 된 거울이야.

이 거울은 손바닥만 하고 손잡이가 있는데 부러져 있어. 많이 낡았지만 할머니는 여전히 이 거울을 아주 소중히 여겨. 그래서 어느 날 할머니한테 왜 이렇게 낡은 거울을 소중히 여기냐고 물어봤어. 거울의 사연은 이래.

이 거울은 할머니의 외할머니의 남편, 그러니까 할머니의 외할아버지가 주신 거래. 그런데 할머니는 외할아버지 얼굴을 몰라. 본 적이 없으니까. 할머니의 엄마도 자기 아빠를 본 적이 없대. 뱃속에 있을 때 멀리 가게 돼서 헤어졌기 때문이야. 거울을 주고 멀리 떠난 후로 다시 오지 않으셨대.

··· 할머니의 낡은 거울 이야기 ···

할머니의 외할아버지는 왜 거울을 줬을까? 거울을 주고 어디로 간 걸까? 왜 집으로 돌아오지 못했을까? 지금부턴 네가 상상해 봐.

상상 키우기

다음 질문을 보고 앞 이야기를 내 맘대로 상상해 보자.

할머니의 외할아버지는 왜 거울을 줬을까?

할머니의 외할아버지는 어디로 갔을까?

할머니의 외할아버지는 왜 집으로 돌아오지 못했을까?

나의 이야기 창작 노트

우리 집에 있는 물건들 중에
소중한 물건에 얽힌 일을 상상해 보자.

06
몽당연필 탈출 사건
학용품에게 일어난 일 쓰기

필통을 열어 무엇무엇이 들어 있는지 찬찬히 살펴봐요. 연필, 지우개, 색연필, 형광펜, 스티커, 자, 칼 등 여러 가지 필기도구가 들어 있을 거예요. 책가방 안이나 책상 위에는 더 많은 학용품들이 있겠지요.

이 학용품들이 만약 살아 있다면 어떤 마음일까요? 자, 연필, 지우개, 공책, 필통 등 저마다 바라는 건 무엇일까요? 학용품들은 현재 모습에 만족할까요? 자신들의 처지에 대해서는 어떻게 생각할까요? 다른 일을 하고 싶어 하지는 않을까요? 속마음이 궁금한 학용품을 하나 골라 그 이야기에 귀를 기울여 보세요.

예를 들어 키가 아주 작아진 몽당연필이 있어요. 오랫동안 아무 것도 쓰지 못하고 그냥 서랍 속에 처박혀 있어요. 그래서 너무 밖으로 나가고 싶어요. 몽당연필은 서랍 안을 탈출할 수 있을까요? 탈출을 하고 난 뒤에는 어떤 일들이 벌어질까요? 몽당연필의 아슬아슬한 모험을 상상해 봅니다.

이런 이야기 어때?

우리 주인은 뭐든 모으는 취미가 있어. 돌, 나뭇잎, 조개껍질, 구슬, 카드, 딱지, 피규어, 그리고 몽당연필. 이것들 말고도 뭐가 많은데 책상 서랍마다 가득 들어 있어. 나도 그 중 하나야. 나는 몽당연필.

어느 날 나는 서랍 밖으로 나가고 싶은 마음이 아주 강하게 들었어. 수집품들이 점점 많아지니까 숨이 막히기도 하고 너무 오랫동안 아무 것도 쓰지 않다 보니 몸이 근질근질했거든. 그래서 주인이 새 수집품을 넣으려고 서랍을 열었을 때 얼른 몸을 굴려 아래로 떨어졌지. 나는 문밖으로 완전히 나갈 때까지 몸을 굴렸어.

그렇게 한참을 구르는데 갑자기 누가 나를 휙 낚아채는 거야. 나는 그게 사람 손이 아니란 걸 단번에 알아챘어. 몸이 축축해졌거든. 그건 바로 옆집에 사는 주인 친구가 기르는 개였어. 허걱! 이 녀석이 날 삼키면 어떡하지……!

… 몽당연필 탈출 사건 …

몽당연필의 운명은 어떻게 될까? 이번엔 어떻게 탈출할 수 있을까? 누가 몽당연필을 구해 줄까? 다시 집으로 돌아갈 수 있을까? 지금부턴 네가 상상해 봐.

상상 키우기

다음 질문을 보고 앞 이야기를 내 맘대로 상상해 보자.

개는 몽당연필을 어떻게 할까?
몽당연필을 문 채 어디로 갈까?

몽당연필은 어떻게
개한테서 탈출할 수 있을까?

몽당연필은 다시 주인에게로 돌아갈 수 있을까?

나의 이야기 창작 노트

내가 가진 학용품들 중에 하나를 골라 모험한 일을 상상해 보자.

07
지우개가 지우개가 된 사연
물건의 유래 쓰기

　우리가 사용하는 물건들은 대부분 누군가가 발명한 것들이에요. 예를 들어 전구는 에디슨이 발명했고, 연필은 콩테가 발명했으며, 진공청소기는 제임스 스팽글러가 발명했어요. 이렇게 물건의 유래는 대체로 다 밝혀져 있지요.

　그런데 여기서는 이런 사실들을 일단 무시하고 자유롭게 상상해 봐요. 그 물건이 어쩌다가 발명되었는지 실제 이야기가 아니라 내가 추측해서 이야기를 지어 보는 거예요. 아니면 그 물건이 원래 다른 용도로 쓰였는데 어떤 계기로 지금과 같은 용도로 쓰이게 되었는지 상상해 보세요.

　예를 들어 지우개는 고무로 만들어졌는데, 처음부터 지우개로 만들려고 만들어진 게 아니라 처음에는 공이었다고 가정해 보는 거지요. 그럼 고무공이 어떻게 해서, 어떤 일로 지우개가 되었을까요? 보통 공은 둥글고 지우개는 네모나요. 혹시 실수로 네모난 공이 만들어지면서 지우개가 된 건 아닐까요? 어떤 계기로 공이 지우개가 되었을지 상상해 봅니다.

이런 이야기 어때?

지우개가 고무로 만들어진 건 알고 있지? 그런데 처음엔 지우개가 아니라 그냥 공이었지. 그러다 어떻게 지우개가 되었냐고? 이제 그 이야기를 들려줄게.

어린이들을 위한 공을 만드는 공장이 있었어. 이 공장은 하루에 공을 30개를 만들어 학교에 보냈어. 그럼 학교에서 어린이들에게 공평하게 공을 나눠 줬어. 그런데 어느 날 기계가 조금 고장이 나서 마지막 30번째 공을 좀 네모나게 만든 거야. 그것도 모르고 공장 사장은 공을 전부 ○○초등학교로 보냈어.

○○초등학교에서는 누구네 반에 공을 먼저 줄지 제비를 뽑았어. 누리네 반이 뽑혔어. 그런데 공 하나가 네모난 거야. 누리네 선생님은 이 공을 누구한테 줄지 고민했어. 하지만 뾰족한 생각이 떠오르지 않아 그냥 제비뽑기로 결정하기로 했어. 운이 없게도 누리가 뽑히고 말았어. 누리는 아주 못마땅했지.

… 고무공이 지우개가 된 이야기 …

누리는 네모난 고무공을 받고 어떻게 했을까? 고무공이 연필 글씨를 지운다는 걸 어떻게 알게 되었을까? 지금부턴 네가 직접 상상해 봐.

상상 키우기

다음 질문을 보고 앞 이야기를 내 맘대로 상상해 보자.

누리는 네모난 고무공을 받고 어떻게 했을까?

누리는 네모난 고무공으로 어떻게 연필 글씨를 지울 생각을 했을까? 우연히 일어난 일일까?

고무공이 연필 글씨를 지운다는 걸 알게 된 누리는 그 후 어떻게 했을까?

나의 이야기 창작 노트

내가 가진 물건들 중에 어떻게 해서 그 물건이 되었는지 유래를 상상해 보자.

08
장난감들의 자랑 대회
장난감들의 이야기 쓰기

　집에 어떤 장난감들이 있나요? 생일이나 어린이날뿐만 아니라 평소에도 종종 장난감 선물을 받을 거예요. 인형 장난감, 블럭 장난감, 피규어 장난감 등 모양도 종류도 수백 가지가 넘지요.

　이런 장난감들이 말을 한다면 어떤 말들을 쏟아낼까요? 장난감들은 아마 주인에게 사랑을 받고 싶어할 거예요. 그래야 다른 장난감들에게 인정을 받을 수 있을 테니까요. 주인이 사랑해 준다는 건 가장 많이 가지고 논다는 뜻이죠. 그런데 장난감을 괴롭히며 가지고 논다면 장난감들도 화가 날 거예요. 주인에게 불만이 생기고 다른 곳으로 가고 싶어하겠죠.

　장난감들이 주인이 잠든 깊은 밤에 서로 이야기를 나눈다고 상상해 보세요. 어떤 이야기들을 나눌까요? 누가 주인에게 가장 사랑받는지 자랑을 한다면 각 장난감들은 어떤 자랑을 할까요? 직접 장난감이 되었다고 상상해 봅니다.

이런 이야기 어때?

어느 깊은 밤, 서현이 방에서 다투는 듯한 소리가 새어나왔어. 분명 서현이 혼자 자고 있을 텐데 누가 있는 걸까? 소리의 주인공들은 바로 장난감들이었지. 귀가 짧은 토끼, 통통한 너구리, 귀여운 유니콘이 서로 말다툼을 하고 있었어.

토끼가 거드름을 피우며 말했어.

"서현이가 나를 제일 좋아하는 것 같아. 매일 나만 가지고 노니까 내 귀가 이렇게 닳아 버렸지 뭐야."

옆에서 너구리가 못마땅하다는 듯 핀잔을 주었어.

"무슨 소리니? 넌 여기 올 때부터 귀가 짧았잖니!"

유니콘도 한 마디 거들었어.

"맞아! 서현이는 나를 제일 좋아한다구! 내 뿔에 완전 반했어."

… 깊은 밤 장난감들의 이야기 …

너구리는 뭐라고 자랑할까? 다른 장난감이 대화에 낀다면 누가 어떤 말을 할까? 장난감들의 다툼은 어떻게 끝날까? 지금부턴 네가 직접 상상해 봐.

상상 키우기

다음 질문을 보고 앞 이야기를 내 맘대로 상상해 보자.

너구리 인형은 서현이가 자신의 어떤 모습을 좋아한다고 말할까?

다른 장난감이 대화에 낀다면 누가 어떤 말을 할까?

인형들의 말다툼은 어떻게 끝이 날까?
누가 서현이의 사랑을 제일 많이 받는지 밝혀질까?

나의 이야기 창작 노트

> 모두가 잠든 밤에 장난감들끼리 어떤 일을 벌일지 상상해 보자.

09
뽀뽀의 모험
애완동물의 하루 쓰기

집에서 혹시 애완동물을 키우고 있나요? 사람들이 가장 많이 키우는 애완동물은 개와 고양이일 거예요. 그 외 거북, 앵무새, 햄스터, 금붕어 등을 키우지요. 애완동물들은 야생동물과 달리 온순한 편이고 사람 말을 잘 듣는 편이에요. 하지만 동물은 동물이니 야생의 본능이 있을 거예요. 언제든 기회가 되면 자유롭게 나다니고 싶겠지요.

자유를 추구하는 애완동물! 혼자 집밖으로 나가게 되면 어떤 일들을 겪을까요? 모험심이 많고 용감한 애완동물을 떠올려 보세요. 세상을 두려워하기보다 신나는 일을 찾아 기꺼이 이곳저곳을 돌아다니는 동물을 말이에요.

예를 들어 우연히 경찰을 만나 도둑 잡는 일을 하게 된 애완견 이야기는 어떤가요? 그러면 하루 종일 혼자서 집을 지킬 때보다 아주 흥미진진하고 신나는 하루를 보낼 수 있을 거예요. 애완동물의 꿈을 상상해 봅니다.

이런 이야기 어때?

나는 모험 왕이야. 내가 누구냐고? 내 이름은 뽀뽀. 이름이 좀 유치하지? 나도 정말 마음에 안 들어. 하지만 우리 집 주인 식구들이 나를 너무 사랑해서 지은 이름이니까 그냥 받아들여야지 뭐. 식구들은 집에 나랑 같이 있을 때면 나를 조금도 가만 두지 않아. 안고 뽀뽀하고 먹을 것을 주고 계속 사랑의 말을 속삭이지. 얼마나 피곤한지 몰라.

그래서 나는 식구들이 없을 때 몰래 집을 빠져 나와 모험을 해. 이 집에 오고 처음 혼자 있게 된 날, 바로 개구멍을 발견했거든. 바로 베란다 창문 틈. 이 집은 1층이라 베란다 창문 틈으로 슬쩍 빠져나가기만 하면 바로 밖으로 나갈 수 있어.

밖으로 나가서 도대체 무슨 모험을 하냐고? 놀라지 마! 용감한 경찰들과 특수 임무를 수행해. 예를 들어 강도를 잡거나 깡패들을 잡는 거지.

··· 애완견 뽀뽀의 모험 이야기 ···

뽀뽀는 어떻게 경찰들을 만나게 되었을까? 경찰들은 왜 뽀뽀에게 특수임무를 맡기게 되었을까? 지금부턴 네가 상상해 봐.

상상 키우기

다음 질문을 보고 앞 이야기를 내 맘대로 상상해 보자.

뽀뽀는 어떻게 경찰들을 만나게 되었을까?

뽀뽀는 오늘 하루 경찰들과 어떤 임무를 수행할까?

뽀뽀의 비밀스런 하루는 어떻게 가족들에게 알려질까?

나의 이야기 창작 노트

> 애완동물이 몰래 집을 빠져나가 하루를 보낸다면 어떤 모험을 할지 상상해 보자.

10
돌고 도는 돈
물건의 여행 쓰기

우리 집에 어떤 물건들이 있는지 한번 빙 둘러 보세요. 거실에 주방에 방에 화장실에 아주 다양한 물건들이 많이 있어요. TV, 식탁, 그릇, 수저, 의자, 가방, 신발, 옷, 이불 등등이지요.

이 중에서 마트나 시장에서 직접 구입한 물건도 있고 인터넷 쇼핑이나 홈쇼핑으로 주문하여 배달로 오게 된 물건도 있을 거예요. 이 물건들은 우리 집으로 오기까지 어떤 일들을 겪었을까요? 버려지거나 다른 사람이 가져가서 우리 집을 떠나면 어떤 일들을 겪을까요? 물건들의 여행을 상상해 보세요.

만약 이 물건들이 생각하고 느끼고 말할 줄 안다면 자기들의 여행에 대해 어떤 이야기들을 들려줄까요? 예를 들어 동전의 여행을 상상해 보세요. 그 동전은 처음 만들어지고 난 다음 은행으로 갔을 거예요. 그러다가 누가 은행에서 돈을 찾은 뒤 세상 구경을 하게 되었겠지요. 동전이 어떤 일들을 겪었을지 상상해 봅니다.

이런 이야기 어때?

아이고 힘들어. 정말 돈으로 이 세상 살기가 너무 너무 힘들다. 아주 큰 돈이면 좀 편할 수도 있는데 동전, 그것도 10원짜리 동전으로 사는 건 아주 고달픈 일이야. 1만원이나 5만원이면 사람들이 소중히 여기고 잘 보관할 텐데 우리 10원짜리들은 너무 함부로 대하는 것 같아. 내가 왜 이런 말을 하는지 그 동안 겪은 일을 들려줄게. 나의 아주 고달픈 여행 이야기…….

내가 이 세상에 태어났을 땐 정말 기대가 컸어. 그래도 명색이 돈이니까 사람들이 날 엄청 좋아하고 챙겨줄 줄 알았지. 그런데 나의 착각이었어. 처음 만난 사람부터 날 아주 무시했거든. 그 사람은 문방구 주인이야. 은행에서 1000원짜리를 10원짜리로 바꿨는데 여기에 내가 끼어 있었어. 문방구 주인은 우리 10원짜리를 금고 안에 넣다가 그만 나를 떨어뜨렸지 뭐야. 그런데 힐긋 쳐다보고는 안 줍는 거야. 난 소리를 질렀어. 그러자 진짜 내 소리를 들은 것처럼 그제야 날 주워서 넣었어. 난 빨리 이곳을 벗어나고 싶었지.

… 어느 동전의 고달픈 여행 이야기 …

동전은 그 다음 누구한테 가게 되었을까? 그 사람은 동전을 어떻게 했을까? 동전은 어떻게 다시 은행으로 돌아가게 되었을까? 지금부턴 네가 상상해 봐.

상상 키우기

다음 질문을 보고 앞 이야기를 내 맘대로 상상해 보자.

동전은 그 다음에 누구한테 가게 되었을까?

거기에서 어떤 일들을 겪었을까?

동전은 어떻게 해서 다시 은행으로 가게 될까?

나의 이야기 창작 노트

집에 있는 물건을 골라 나한테 오기까지 어떤 일들을 겪었을지 상상해 보자.

11
그 사람이 수상하다!
낯선 사람을 주인공으로 쓰기

이야기는 알고 보면 어떤 사람들에 대한 상상이에요. 내가 잘 아는 사람들이나 잘 모르는 사람들이지요. 잘 아는 사람들은 상상하기가 쉬워요. 성격이나 나이, 좋아하는 것, 싫어하는 것, 잘하는 것 등 기본적인 특징을 알고 있으니까요.

그런데 잘 모르는 사람에 대해 상상하는 건 쉽지 않아요. 하나부터 열까지 내가 다 상상해야 하니까요. 하지만 아무거나 떠올려도 되니 아주 자유롭게 지어낼 수 있어요. 내가 하고 싶은 이야기의 주인공으로 만들어낼 수 있지요.

그럼 길을 가다가 스쳐지나가는 사람들을 한번 떠올려 보세요. 각각 어떤 사람들일까요? 어떤 생각을 하고 어떤 일을 하는 사람들일까요? 혹시 이 사람들 중에서 수상하다고 느껴지는 사람이 있었나요? 어떤 점이 수상했나요? 생김새? 아니면 하는 행동? 혹시 마법사나 외계인, 첩보요원은 아닐까요? 내가 만난 낯선 사람의 정체는 무엇인지 한번 상상해 봅니다.

이런 이야기 어때?

학교 끝나고 집에 오는 길에 이상한 아저씨를 봤어. 생김새가 좀 이상해서 눈에 확 띄었지. 수염이 산타클로스처럼 복슬복슬하고 눈썹이 노랬어. 외국 사람 같기도 하고 아닌 것 같기도 했지.

아저씨는 편의점으로 들어가더니 먹을 것을 잔뜩 사서 나왔어. 그런데 가만 보니 전부 다 아이스크림인 거야. 한 20개 정도는 되는 것 같았어. 그러고는 편의점 앞 탁자 앞에 앉아서 아이스크림을 하나씩 까먹기 시작했어.

난 아저씨가 수상하다고 느껴졌어. 그래서 나도 편의점으로 들어가 아이스크림을 하나 사들고 나온 다음 옆 의자에 앉아 먹었지. 아저씨를 힐금힐금 쳐다보면서 말이야.

… 수상한 아저씨 이야기 …

아저씨는 또 어떤 수상한 점이 있었을까? 아저씨의 정체는 무엇일까? 나는 아저씨의 정체를 어떻게 알아낼까? 지금부턴 네가 상상해 봐.

상상 키우기

다음 질문을 보고 앞 이야기를 내 맘대로 상상해 보자.

아저씨는 또 어떤 점이 수상할까?

아저씨의 정체는 무엇일까?
왜 그렇게 생각하나?

아저씨의 정체를 어떻게 알게 될까?

나의 이야기 창작 노트

외모나 행동에서 호기심이 생기는 낯선 사람의 정체를 상상해 보자.

12
으악, 절벽에서 떨어졌어요!
꿈 꾼 일로 쓰기

　어린이들은 꿈을 많이 꾸는 편이에요. 가족이 나오는 꿈, 괴물에게 쫓기는 꿈, 동물이 나오는 꿈, 이상한 곳에 있는 꿈, 친구들과 노는 꿈 등 여러 가지 꿈을 꾸지요. 어떤 꿈은 영화처럼 생생하게 기억에 남기도 해요.

　꿈은 이야기의 무궁무진한 소재가 돼요. 꿈속에선 별별 일들이 다 일어나니까요. 어떤 때는 꿈속에서 벌어진 일들이 책보다 더욱 기발하고 상상력이 넘치는 것 같아요. 친구가 괴물로 변하기도 하고 내가 다른 사람이 되어 있기도 하지요. 또 현실에서는 절대 하지 못할 위험천만한 일을 할 때도 있어요. 이런 꿈들 중에서 하나를 골라 이야기를 지어 보세요.

　예를 들어 절벽에서 떨어지는 꿈을 꿨다면 어쩌다가 절벽에 가게 됐고, 어떡하다가 떨어졌으며, 그 후 어떻게 되었는지 상상해 보는 거예요.

이런 이야기 어때?

꿈속에서 난 숲길을 걷고 있었어. 그 길은 양옆으로 아주 큰 나무들이 가로수처럼 쭉 늘어서 있는 흙길이었어. 나는 어디로 가는지도 모르고 계속 걸었어. 무슨 소리가 났어. 나는 그 소리가 파도 소리라는 걸 금세 알아차렸지.

한참을 가니 진짜 바다가 나왔어. 주위를 둘러보니 숲은 어느 새 사라지고 절벽 위였어. 그 아래 바다가 있었던 거지. 나는 오싹했어. 다시 돌아가려고 숲 쪽을 보았는데 글쎄 숲이 사라지고 없는 거야. 사방이 전부 절벽이었어.

그때 갑자기 하늘에서 끽~하는 소리가 들리더니 어마어마하게 큰 무언가가 나한테로 돌진했어. 새인지 뭔지 알 수 없었어. 어쨌든 나는 이 녀석을 피하려고 몸을 수그렸어. 그런데 그만…… 절벽 아래로 떨어져 버렸지 뭐야.

… 절벽에서 떨어진 꿈 이야기 …

하늘에서 나에게 돌진한 그것의 정체는 무엇일까? 나는 절벽에서 떨어진 후 어떻게 되었을까? 지금부턴 네가 상상해 봐.

상상 키우기

다음 질문을 보고 앞 이야기를 내 맘대로 상상해 보자.

하늘에서 나에게 돌진한 그것의 정체는 무엇일까?

절벽 아래 바다 속에는 무엇이 있었을까?

절벽 아래로 떨어진 후 나는 어떻게 되었을까?

나의 이야기 창작 노트

최근에 꾼 꿈 중에서 하나를 골라
좀 더 그럴 듯한 이야기를 지어 보자.

13
공동묘지의 비밀
괴물과 귀신 이야기 쓰기

귀신이나 괴물이 진짜로 있다고 믿나요? 아니면 상상 속의 이야기라고 생각하나요? 어느 쪽이든 이런 이야기를 들으면 등골이 오싹해요. 무서운 얼굴이나 우악스런 몸집이 머릿속으로 그려져 괜히 공포심을 갖게 되지요.

공포심은 누구나 갖는 마음이에요. 이 마음은 위험한 걸 피해서 내 몸을 보호하라는 신호예요. 그래서 무서운 이야기를 읽거나 영화를 보면 괜히 몸이 움츠러드는 거지요. 그러나 사실이 아닌 걸 알게 되면 그제야 마음이 놓이면서 후련해져요. 이게 공포 이야기의 장점이에요. 마음을 안정되게 하는 것 말이에요.

그럼 이제 괴물과 귀신 이야기를 직접 지어 보세요. 공동묘지에서 귀신을 만난 이야기나 깊은 산골에서 괴물을 만난 이야기 말이에요. 어쩌다가 만나게 되었는지 어떤 일이 일어났는지 상상해 봅니다.

이런 이야기 어때?

돌이는 아주 산골에 살았어. 그래서 학교에 가려면 3시간이나 걸렸어. 아주 산골이라 차가 다닐 수 없어서 걸어서 가야 했거든. 돌이는 학교에 가면 친구들이랑 실컷 놀 수 있으니까 힘들어도 하루도 빠지지 않고 갔어.

그런데 어느 날 친구들과 놀다가 집에 갈 시간이 지나 버린 거야. 하늘을 보니 이제 2시간만 지나면 해가 떨어질 것 같았어. 돌이는 서둘러 학교를 빠져나왔어. 하지만 역시 집에 도착하기도 전에 어두컴컴해져 버렸지. 돌이는 그만 길을 잃고 무서웠어. 산속에 눈이 시뻘건 괴물이 집에 못 간 아이들을 잡아먹는다는 이야기가 생각났거든. 하지만 다시 학교로 돌아갈 수도 없었어.

그때 엄마가 해 줬던 이야기가 생각났어. 숲에서 길을 잃으면 공동묘지 불빛을 찾아 그리로 가라고. 그럼 무덤 주인이 보호해 줘서 무사할 수 있다고.

… 오싹하고 짜릿한 공동묘지 이야기 …

돌이가 찾은 무덤의 주인은 어떤 귀신일까? 이 귀신은 돌이를 어떻게 보호해 줄까? 지금부턴 네가 상상해 봐.

상상 키우기

다음 질문을 보고 앞 이야기를 내 맘대로 상상해 보자.

돌이가 찾은 무덤의 주인은 어떤 귀신일까?

눈이 시뻘건 괴물은 진짜 나타날까? 괴물은 돌이를 어떻게 하려고 할까?

귀신은 돌이를 어떻게 보호해 줄까?

나의 이야기 창작 노트

오싹하고 짜릿한 괴물 이야기나 귀신 이야기를 지어 보자.

14
염라대왕 만나러 저승으로!
모험 이야기 쓰기

보물을 찾아 떠나는 이야기들이 있어요. 우연히 해적의 지도를 얻어 거기 나와 있는 보물섬을 찾아가는 거지요. 아니면 새로운 경험을 하기 위해 무작정 세계일주를 하거나 사람들이 잘 가지 않는 곳으로 떠나기도 해요. 이런 이야기들을 모험 이야기라고 해요.

집을 떠나 모험을 한다면 어디로 가서 어떤 모험을 하고 싶나요? 해저 탐험도 있고 우주 탐험도 있어요. 깊은 정글이나 무인도로 떠날 수도 있지요. 어떤 책에 보면 소인들이 사는 나라와 거인들이 사는 나라로 모험을 떠난 이야기도 있어요. 신나는 모험을 상상해 보세요.

우리나라 옛날 이야기 중에는 저승으로 모험을 떠난 이야기도 있지요. 부모님을 만나러 가거나 아버지를 살리기 위한 풀을 구하러 간다는 이야기들이에요. 저승에 직접 간다면 어떤 일을 겪을지 상상해 봅니다.

이런 이야기 어때?

열이에게는 아주 귀여운 강아지가 있었어. 열이는 강아지를 아기처럼 동생처럼 돌보았지. 그런데 무슨 병에 걸렸는지 시름시름 앓다가 죽은 거야. 열이는 너무 슬펐어. 강아지가 아직 새끼라 불쌍하기도 했지. 그래서 염라대왕을 찾아가 강아지를 살려달라고 부탁하기로 했어.

열이는 서쪽으로 9999만 킬로미터를 가면 저승이 있다는 얘기를 들었어. 그래서 부지런히 걷고 또 걸었지. 그런데 9킬로미터를 갔을 때 고양이를 만났어. 고양이는 예전에 죽은 엄마가 보고 싶다고 자기도 데리고 가 달라고 부탁했어. 열이는 좋다고 했지.

99킬로미터를 갔는데 이번엔 생쥐를 만났어. 생쥐는 옛날에 어떤 고양이가 자기 언니를 잡아먹었다고 하면서 자기도 염라대왕을 꼭 만나고 싶다고 했어. 열이는 이번에도 알겠다고 했어. 셋은 남은 길을 함께 걸어갔어.

… 염라대왕을 만나러 저승으로 간 이야기 …

999킬로미터를 갔을 때 누구를 만날까? 왜 염라대왕을 만나려고 할까? 염라대왕은 어떤 분일까? 이제부터 네가 상상해 봐.

상상 키우기

다음 질문을 보고 앞 이야기를 내 맘대로 상상해 보자.

999킬로미터를 갔을 때는
누구를 만날까? 어떤 사연이 있을까?

염라대왕은 어떤 분일까?
저승은 어떤 모습일까?

염라대왕은 열이와 친구들의 소원을 들어줄까?

나의 이야기 창작 노트

낯선 곳으로 모험을 떠나는
이야기를 지어 보자.

15
구름나라 마법세계
환상적인 이야기 쓰기

 가끔 그런 생각이 들 때가 있지 않나요? 지금 여기를 벗어나 전혀 다른 세계로 가고 싶다는 생각 말이에요. 현실과는 아주 다른 곳 말이에요. 마법사 오즈가 사는 에메랄드 도시나 앨리스가 갔던 이상한 나라나 해리 포터와 마법사들이 사는 마법세계 같은 곳이지요.

 이런 곳들은 지금 우리가 사는 모습이나 방식이 아주 달라요. 나무가 걸어다니고 사자가 말을 하고 요정이 있고 마법사가 하늘을 날아다녀요. 그야말로 환상적인 세계지요. 이런 상상의 세계를 직접 창조해 보세요.

 예를 들어 구름나라 같은 곳은 어떤가요? 구름 속을 깊이 헤치고 헤치면 마법사들이 사는 마을이 나오는데 이 마법사들이 날씨 마법을 부린다고 상상해 보는 거예요. 이 마을은 또 어떤 신기한 점들이 있는지 상상해 봅니다.

이런 이야기 어때?

언덕에 누워 하늘을 보다가 이상한 점을 발견했어. 구름 한 점이 마치 웃고 있는 것처럼 미소를 띠고 있는 거야. 그걸 보자 나도 모르게 웃음이 났어. 그 순간 어떤 하얀 연기 같은 게 나를 완전히 감싸는 느낌이 났어.

나는 얼른 눈을 감았지. 그러곤 열을 세고 눈을 떴어. 그랬더니 주변이 완전 하얀 거야. 내가 놀란 토끼 눈으로 주변을 두리번거리자 하얀 고깔모자를 쓰고 눈결정 모양이 그려진 하얀 망토를 걸친 하얀 사람들이 여기저기서 모여 들었어.

나는 너무 눈이 부셔서 얼굴을 찡그렸어. 그러자 이 사람들 중 한 명이 나에게 선글라스를 줬어. 나는 얼른 선글라스를 꼈어. 그랬더니 사람들 얼굴이 한 명 한 명 보였어. 그리고 자세히 보니 고깔모자에는 글자 같은 게 써 있었어. '함박눈', '싸라기눈', '이슬비' 등의 글자였어.

… 환상적인 구름나라 마법사 마을 이야기 …

구름나라의 사람들이 하는 일은 뭘까? 이 나라에 문제는 없을까? 나는 여기서 어떤 일들을 겪을까? 지금부터 네가 상상해 봐.

상상 키우기

다음 질문을 보고 앞 이야기를 내 맘대로 상상해 보자.

구름나라 사람들이 하는 일은 뭘까?
고깔모자에 써 있는 글자들의 정체는?

구름나라에는 어떤 문제가 있을까?

나는 구름나라에서 어떤 일들을 겪을까?

나의 이야기 창작 노트

마법세계처럼 현실과는 다른 곳을
배경으로 하는
환상적인 이야기를 지어 보자.

16
로봇이 왕이 되었어!
미래 상상해서 쓰기

　옛날과 지금을 비교해 보면 사는 모습이나 환경이 엄청나게 변했다는 걸 알 수 있어요. 집이나 도로, 자동차, TV 등을 생각해 보세요. 100년 전과 비교해 봤을 때 지금은 50층이 넘는 아파트가 있고, 10차선이나 되는 도로들도 있어요. 자동차는 전기 자동차에 이어 자율주행 자동차가 나왔어요. TV는 벽걸이형 TV가 있고 스마트폰이나 인터넷으로도 볼 수 있어요.

　그럼 앞으로 100년 후에는 얼만큼 더 변해 있을까요? 아예 하늘을 나는 자동차가 나올지도 모르고, 도로가 움직일지도 몰라요. TV는 따로 없고 벽 자체가 버튼 하나로 화면으로 바뀔 수도 있어요. 미래에는 아마 지금보다 과학기술이 더욱 발전해 있을 거예요.

　그럼 이런 상상도 할 수 있어요. 아주아주 뛰어난 로봇들이 개발이 되어 인간을 지배하고 왕이 되는 거예요. 로봇은 인간을 잘 통치할 수 있을까요? 미래 사회를 상상해 봅니다.

이런 이야기 어때?

지금은 서기 2131년, 로봇이 지구의 왕이 된 지 딱 10년째 되는 해야. 그 로봇은 로갓7이야. 11년 전에 세계 최고의 로봇 회사 오토마에서 발명한 만능로봇이지.

로갓7은 모든 로봇의 기능을 다 합친 것보다 100배는 뛰어난 그야말로 슈퍼초울트라 로봇이야. 자기 자신을 스스로 업그레이드시킬 수 있는 능력을 가지고 있어. 그래서 인간이 필요하지 않아. 고장이 날 것 같으면 미리 알고 다 고치고, 에너지도 태양열과 바람으로 스스로 충전해.

처음 이 로봇이 등장했을 때 세계인은 충격에 빠졌어. 너무 뛰어나서 꼭 신처럼 느껴졌거든. 모르는 게 하나도 없고 못 하는 것도 하나도 없었어. 그래서 세계의 대통령들이 로갓7을 찾아가 어려운 문제를 해결해 달라고 부탁하다 보니 어느새 로갓7이 자연스럽게 왕이 되어 있는 거야. 좋은 왕이냐고? 글쎄…….

… 인간보다 뛰어난 미래 로봇 왕 이야기 …

로갓7은 인간들을 어떻게 통치할까? 인간들은 로갓7에게 불만이 없을까? 로갓7은 계속 인간을 통치할 수 있을까? 지금부턴 네가 상상해 봐.

상상 키우기

다음 질문을 보고 앞 이야기를 내 맘대로 상상해 보자.

로봇왕 로갓7은 인간들을 자유롭게 통치할까, 억압적으로 통치할까?

인간들은 로갓7에게 불만이 없을까?

로갓7보다 더 뛰어난 로봇이나 인간이 나타나지 않을까?

나의 이야기 창작 노트

미래 사회의 모습을 상상해 보고
어떤 일들이 일어날지 이야기를 지어 보자.

01
책은 어떻게 구성되어 있나요?

책을 만들기 전에 책이 어떻게 생겼는지 어떤 내용들로 이루어져 있는지 천천히 살펴보세요.

책은 겉장인 표지와 내용이 들어가는 내지로 되어 있어요.

앞표지에는 책제목, 그림, 지은이, 그린이, 출판사 이름 등이 들어 있고,
뒷표지에는 간단한 설명글과 가격, 바코드가 있어요.
책등에도 책제목, 지은이, 그린이, 출판사 이름이 쓰여 있어요.
참, 출판사 이름은 잘 보면 로고 형태로 들어가 있답니다.

내지 첫 장이나 가장 마지막 장에는 판권이 들어가 있어요. 판권은 이 책을 판매할 수 있는 권한이 누구에게 있는지 적어 놓은 거예요. 판권은 보통 출판사에 있지요.

실제 모습을 한번 볼까요?

02
어떤 이야기를 쓸 건가요?

앞에서 16가지 이야기를 살펴보고 또 직접 재미난 상상들도 해 보았을 거예요. 여러분이 쓴 창작노트를 다시 한 번 읽어 보면서 어떤 내용으로 이야기를 지을지 정해 보세요.

내가 쓰고 싶은 이야기는

대강의 줄거리는

내 책의 제목은…

내 책의 주인공

- 이름:
- 생김새:
- 성격 및 특징:

주변 인물들

- 인물1:
- 인물2:
- 인물3:
- 인물4:

출판사 이름과 로고

03
나만의 책을 만들어 보아요

이제 진짜 이야기를 짓고 책을 만들 거예요.

앞에서 어떤 이야기를 쓸지 대강의 줄거리를 정했지요? 또 제목과 주인공, 그 외 등장인물들도 정했을 거예요.

그럼 책표지 만들기부터 시작해서 그림을 그리고 이야기를 써 보아요.

앞표지 꾸미기

등장인물

주인공

주변 인물들

인물 1

인물 2

인물 3

인물 4

차례

뒷표지 꾸미기